El
Casco

21 maneras de ser un gran
compañero de equipo

El
Casco

Una historia real

JON GORDON

Autor del bestseller *El autobús de la energía*

Prólogo de JEREMY SCHAAP

Autor de bestsellers y ganador del premio *Emmy* como
mejor comentarista para ESPN

WILEY

Publicado por John Wiley & Sons, Inc., Hoboken, Nueva Jersey.
Publicado simultáneamente en Canadá.

Publicado originalmente como *The Hard Hat: 21 Ways to Be a Great Teammate*. Copyright 2015 by The Jon Gordon Companies.

Para obtener información general sobre nuestros productos y servicios o para obtener soporte técnico, por favor comuníquese con nuestro Departamento de Atención al Cliente dentro de los Estados Unidos al (800) 762-2974, fuera de los Estados Unidos al (317) 572-3993 o fax (317) 572-4002.

Wiley también publica sus libros en diferentes formatos electrónicos. Parte del contenido que encontrará en la versión impresa puede no estar disponible en formatos electrónicos. Para obtener más información sobre los productos de Wiley, visita www.wiley.com.

Datos de catalogación de publicación de la Biblioteca del Congreso:

ISBN: 9781394348046 (pbk)
ISBN: 9781394354634 (epub)
ISBN: 9781394354641 (ePDF)

Diseño de portada: Wiley
Imagen de portada: Inside Lacrosse
Imagen de contratapa: Tommy Johnson
SKY10099642_030925

Este libro está dedicado al equipo de lacrosse de Cornell de 2004. Su carácter, resiliencia, corazón, determinación y amor por George y entre ustedes hicieron posible este libro. Sin ustedes, no habría una historia que contar. Muchísimas gracias por compartir sus experiencias y recuerdos conmigo.

Contenido

Prólogo

Recuerdo haber escuchado la noticia. El capitán del equipo de *lacrosse* de Cornell había muerto en el campo después de recibir un golpe en el pecho con una pelota. Fue una experiencia terrible, cruel y absolutamente trágica. Como graduado de Cornell tengo una conexión especial con el programa de *lacrosse*, por eso sentí esta pérdida de forma mucho más intensa que la mayoría. La muerte fue más real para mí porque había crecido alrededor del *lacrosse* de Cornell, conocía a los jugadores y entendía la unión de la comunidad.

Dos años antes, como reportero de ESPN, había escrito un tributo a otro capitán de *lacrosse* de Cornell, Eamon McEneaney, quien murió el 11 de septiembre de 2001 en el World Trade Center. En su funeral en New Canaan, Connecticut, fui testigo de una gran demostración de emoción que aún puedo sentir. Richie Moran, el director técnico de Cornell durante mucho tiempo, elogió a McEneaney. Abrumado por el dolor, apenas pudo terminar su tributo. Su dolor puro era muy fuerte, todos podíamos sentirlo, un momento triste e inolvidable que destacó la naturaleza familiar del *lacrosse* de Cornell. El equipo actual, los antiguos compañeros de equipo de McEneaney y sus amigos del *lacrosse* estaban todos presentes.

Luego, George Boiardi murió el Día de San Patricio en 2004. Nunca lo conocí. Creo que no había escuchado su nombre hasta el día en que murió, aunque asumo que estaba en el funeral de McEneaneys. Con el paso del tiempo, conocí a George a través de su familia y amigos en eventos que honraban su memoria y recaudaban dinero para causas que a él le importaban.

Cada invierno desde entonces, se realiza una cena en Nueva York: la Cena 21, le pusieron este nombre en honor a George, era su número de uniforme. Cientos de amigos de George, de su casa y de Cornell, asisten. Jesse Rothstein, su compañero de clase y amigo, organiza estas extraordinarias cenas. A pesar de los horarios ocupados, los amigos de George se reúnen cada invierno para recordarlo. A diferencia de otros esfuerzos conmemorativos que se desvanecen con el tiempo, la determinación de mantener viva la memoria de George solo se hizo más fuerte.

Esperaba con ansias el evento: pude ver a los padres, hermanas, amigos, compañeros de equipo de George y a los homenajeados del mundo de la educación, a la que George se había comprometido como voluntario de Teach for America. Representantes de la reserva nativa americana donde George planeaba enseñar también asistieron, rindieron homenaje al joven que eligió vivir entre ellos.

La Cena 21 restauró mi fe en la humanidad. También fue significativa para mí porque los organizadores honraron a mi padre, quien, al igual que George, llevaba el número 21 en el equipo de *lacrosse* para Cornell. Mi padre murió el 21 de diciembre de 2001, después de una cirugía de cadera a los 67 años, muy joven, pero también vivió una cantidad de años en los que disfrutó de una vida plena, y George no tuvo la oportunidad.

Al ver como todos recordaban con tanto cariño a George en las cenas, sentí que entendía por qué significaba tanto para tanta gente. Por la forma en la que hablaban de él, podía imaginarme a un joven desinteresado, trabajador, amable y humilde. Parecía alguien a quien todos podríamos respetar, alguien a quien Eamon McEneaney, mi padre y yo hubiéramos tenido el privilegio de conocer. Con este libro podemos descubrir más sobre George, quien, sin dudas, era alguien que valía la pena conocer.

—Jeremy Schaap

Nota del autor

Desde el momento en que escuché por primera vez sobre George Boiardi y El casco, me sentí intrigado. Quería saber más sobre él y su vida. Visité a sus entrenadores, asistí a varias «Cenas 21» en su honor, conocí a su familia, hablé con sus compañeros de equipo y observé cómo inspiraba a quienes lo conocían. Inicialmente, no tenía la intención de escribir un libro sobre él, pero cuanto más aprendía, más sentía la necesidad de compartir su historia y el impacto que tuvo en los demás.

Al empezar a escribir este libro, a menudo me detenía. Escribir historias reales, a diferencia de las fábulas, fue un desafío. Entrevistar a su familia, amigos, entrenadores y compañeros de equipo, y relatar eventos reales, emociones y una tragedia fue difícil. Sin embargo, sentí que era mi deber compartir las lecciones y el legado de George. Así que salí de mi zona de confort para contar una historia verdadera sobre ser un gran compañero de equipo.

Este libro captura solo una pequeña parte de la vida de George. Él era mucho más que un compañero de equipo; era un hijo, un amigo, un hermano, un sobrino y un estudiante. Solo su familia y amigos pueden contar su historia completa.

Mi objetivo era resaltar las cualidades que hicieron de George un gran compañero de equipo e inspirar a otros. Al entrevistar a los amigos y compañeros de equipo de George, me di cuenta de que este libro también trataba sobre ellos. Ante la tragedia, se unieron, sanaron y jugaron desinteresadamente como un equipo. Los logros del equipo de *lacrosse* de Cornell de 2004 son un testimonio de su carácter, resiliencia, determinación y amor por George y entre ellos. Sin estos jóvenes, no habría una historia que contar, y estoy agradecido por sus experiencias y recuerdos compartidos.

Todos los detalles e historias en este libro son, según mi conocimiento, fácticos y verdaderos. En la Parte 2, dice «Narrado por el entrenador Jeff Tambroni». Sin embargo, esta sección es una compilación de recuerdos, hechos e historias de Jeff, la familia de George y sus compañeros de equipo. Tener un narrador hizo que la historia de George fluyera mejor. Jeff compartió muchos detalles sobre George, pero también me basé en sus compañeros de equipo y familia para completar la historia. Además de aprender sobre George en las Cenas 21 y la cena del Salón de la Fama, realicé varias entrevistas por teléfono y correo electrónico.

Durante el proceso de escritura, compartí el manuscrito con Jeff Tambroni y la familia y compañeros de equipo de George varias veces para asegurarme de la precisión. Este libro fue un esfuerzo de equipo, y espero que te inspire y a tu equipo.

Primera parte

El casco

Capítulo 1

Inolvidable

 Cuando ves algo por primera vez, nunca lo olvidas. Recuerdo vívidamente el juego de semifinales del campeonato de *lacrosse* masculino de la NCAA en 2007 entre Cornell y Duke. Duke estaba ganando 10 a 3 en el tercer cuarto, y parecía que Cornell no tenía ninguna oportunidad. Sin embargo, con una determinación sin igual y con una reacción increíble, Cornell empató el juego a 17 segundos del final del partido. Duke finalmente ganó con un gol tres segundos antes del final, pero fue la determinación de y el esfuerzo de Cornell lo que me asombró.

A principios de los años noventa jugué *lacrosse* en Cornell y vi innumerables partidos, pero nunca había visto tal espíritu, pasión y resistencia como la que Cornell mostró en ese juego. Trabajo con varios equipos deportivos profesionales y universitarios, así como con equipos corporativos, educativos y sin fines de lucro, me intrigaba lo que impulsaba el rendimiento de Cornell. Tenía que ser más que solo el deseo de ganar; estaban motivados por algo más grande.

Decidí regresar a mi universidad, un lugar que me había moldeado profundamente. En el vuelo a Nueva York, me di cuenta de cómo mi trabajo actual se conectaba con el crecimiento que experimenté como estudiante y atleta. Los deportes universitarios me enseñaron a trabajar duro, superar la adversidad y perseguir mis sueños. Al regresar a Ithaca, sentí el frío familiar de octubre y estaba listo para aprender nuevas lecciones sobre liderazgo y el trabajo en equipo.

Capítulo 2

Sabemos quiénes están en nuestro equipo

 Encontré a Jeff Tambroni, el entrenador del equipo de *lacrosse* masculino de Cornell, parado en la acera junto a la oficina de *lacrosse* mientras subía la colina desde el Hotel Statler. Jeff y yo habíamos jugado uno contra el otro en la universidad: él era un delantero All-American en Hobart College, y yo era un especialista en *face-off* y mediocampista defensivo para Cornell. Todavía podía recordar su increíble rapidez y habilidad para crear oportunidades de gol, lo que a menudo había sido a expensas de mi equipo.

Mi paso por Cornell desafortunadamente se conoce como el comienzo de los «años oscuros». Antes de unirme al equipo, Cornell había llegado a los campeonatos nacionales dos años seguidos. Durante mi segundo año, estábamos novenos en las clasificatorias del país, pero en mi último año, tuvimos la primera temporada con resultados negativos en la legendaria carrera del entrenador Richie Moran. El programa enfrentó varios años desafiantes y temporadas con derrotas después de mi graduación. Sin embargo, Jeff Tambroni, primero como asistente y luego como director técnico, recuperó la condición de Cornell de ser un programa destacado de *lacrosse* una vez más.

Cuando le pregunté a Jeff cómo lo logró, me dijo: «Sabemos y aceptamos quién es parte de nuestro equipo. En el pasado, reclutábamos jugadores de *lacrosse* en grandes cantidades, pero ahora nos enfocamos en reclutar a diez jugadores específicos que se ajusten a nuestra cultura. En lugar de intentar ser todo para todos, eliminamos a aquellos que no serían una buena opción. Resaltamos la realidad de nuestra cultura: hace mucho frío en Ithaca la mayor parte del tiempo, y si no te gusta el frío, este no es el lugar para ti. Nieva mucho durante el final del otoño y el invierno en Cornell, y si no te gusta la nieve, este no es el lugar para ti. Les decimos que si vienen aquí, les brindaremos la oportunidad de entrenar duro y ser uno de los equipos más trabajadores del país, sin ilusiones sobre victorias y derrotas. Si no te gusta trabajar duro por los demás, este no es el lugar para ti. Les hablamos del *casco*, y si no lo comparten, sabemos que no será una buena opción. El casco se ha convertido en una gran parte de nuestra cultura y representa todo lo que defendemos. Al eliminar a las personas equivocadas, podemos enfocarnos en los chicos correctos que se ajusten a nuestra cultura y asociarnos con ellos mientras crecen para convertirse en grandes compañeros de equipo y en un gran equipo».

Capítulo 3

El casco

 Tenía curiosidad sobre el casco y le pregunté a Jeff al respecto. Me respondió: «Hace unos años, nuestro cuerpo técnico, incluido nuestro entrenador principal Dave Pietramala, quien ahora está en Johns Hopkins, decidió que queríamos que nuestro programa se definiera por la dureza, la generosidad y el trabajo duro. Elegimos el casco, que normalmente usan los trabajadores de la construcción, para simbolizar la ética de trabajo de clase obrera que queríamos inculcar».

—La idea —continuó—, es que nuestros jugadores vengan a las prácticas, trabajen duro y den su mejor esfuerzo todos los días. Para reforzar esto, cada temporada seleccionamos a un estudiante de primer año para que lleve el casco durante todo el año. Este jugador ejemplifica el enfoque de clase obrera hacia el *lacrosse*, dando un ejemplo a los demás con su dedicación y generosidad. Puede que no sea el más talentoso, pero es el que más trabaja, siempre pone al equipo en primer lugar. Él encarna el comportamiento que esperamos dentro y fuera del campo.

»El jugador elegido lleva el casco a las prácticas y a los juegos. Queremos que nuestro equipo lo vea en el banco, en cada foto del equipo, y recuerde por qué se unieron a esta universidad y programa. Sirve como un recordatorio diario de nuestros valores y la cultura que buscamos construir. En última instancia, nuestro objetivo es desarrollar mejores hombres y una cultura más fuerte. Desde George, el casco también nos recuerda ser grandes compañeros de equipo. George ejemplificó todo lo que el casco representa, y ahora el casco representa quién era George. Son inseparables.

Mientras Jeff hablaba sobre George, vi lágrimas en sus ojos. Sentí que había más en la historia, así que me alegré cuando me llevó a su oficina, me mostró una foto de George y dijo: «Para entender nuestro programa, necesitas conocer el corazón de un líder y el espíritu de un equipo. Déjame contarte sobre el mejor compañero de equipo que he conocido. Déjame contarte sobre George».

Segunda parte

George

Narrada por el entrenador Jeff Tambroni

Capítulo 4

Mario St. George Boiardi

 Su nombre era Mario St. George Boiardi, pero todos lo llamaban George. Recuerdo vívidamente la primera vez que nuestro equipo de entrenadores lo vio. Yo era un entrenador asistente con el Coach Pietramala en un torneo de reclutamiento de secundaria. George estaba en la banda, preparándose para un enfrentamiento. No podíamos dejar de mirarlo. Tenía las mangas cortadas, brazos esculpidos y parecía un feroz guerrero listo para la batalla. No tenía una gran complexión física, pero era alto, atlético y estaba en forma, irradiaba un espíritu guerrero. Corría más rápido y con más fuerza hacia la pelota que cualquier otro jugar que habíamos visto. Se movía ágilmente como un ciervo, pero podía golpear como un camión si te interponías en su camino. Era uno de los mejores mediocampistas con palo largo del país, y lo queríamos en nuestro equipo.

Cuando nuestro equipo conoció a George por primera vez, nos sorprendimos. Fuera del campo, este guerrero era de pocas palabras, tranquilo y humilde. Cuando el entrenador Pietramala y yo visitamos su casa, le preguntamos a sus padres sobre la actitud reservada de George. Su madre, Deborah, bajó un pisapapeles de la mesita de noche de George.

Era un regalo de su padre, Mario, con una cita de Benjamin Franklin: «Es mejor algo bien hecho que bien dicho». Nos dijo que esto definía a George. Era un líder silencioso que hablaba a través de sus acciones. Poco sabíamos cuánto nos dirían sus acciones.

La decisión de George de asistir a Cornell fue una sorpresa para todos. Su padre era un graduado de Princeton, y su entrenador quería a George en su equipo. Princeton era uno de los mejores equipos, así que todos asumieron que George los elegiría. Sin embargo, George visitó Cornell y se quedó con Billy Fort, un viejo compañero de clase de la escuela Landon en Maryland. Teníamos una regla de que si hospedabas a un recluta, cedías tu cama. Billy le dio su cama a George sin pensarlo. De hecho, para Billy no era una acción importante. Pero para George, importaba. Les dijo a sus padres que esto mostraba que Cornell realmente lo quería. Quedó asombrado por el gesto y lo vio como un reflejo de la cultura de nuestro equipo. La mayoría de los jóvenes no piensan así, pero George era diferente. Para él, las acciones importaban.

Es mejor algo bien hecho que bien dicho

 Ningún estudiante de primer año trabajó más duro en el gimnasio que George. Sobresalía en los ejercicios de entrenamiento físico y siempre daba su mejor esfuerzo. George era muy competitivo, no para superar a los demás, sino para ser *su* mejor versión. Entrenaba intensamente, como un aspirante que intenta formar parte del equipo. Era ejemplo para todos y marcaba el camino en todo lo que hacía, incluso con las tradiciones de nuestro equipo.

Nuestro equipo tenía una tradición después de la primera práctica del capitán del semestre de otoño (sin entrenadores debido a las reglas de la NCAA). El equipo corría por el campus, mostrando su ropa de práctica de Cornell. La carrera se organizaba con los estudiantes de último año al frente, seguidos por los de penúltimo año, los de segundo año y los de primer año al final. La carrera concluía en un puente peatonal sobre el lago Beebe. Cuando el último estudiante de segundo año cruzaba, los estudiantes de cursos superiores se detenían y les decían a los de primer año que era tradición saltar al lago.

Algunos estudiantes de primer año saltaban de inmediato, otros necesitaban ánimo, y a otros había que convencerlos. Después de que casi todos saltaron, dos estudiantes de primer año estaba parados, quietos, visiblemente nerviosos. George los tranquilizó en silencio, luego subió al borde de la roca y ejecutó un clavado perfecto en el lago, sin salpicar, como los que uno puede ver en las Olimpiadas. Resulta que George no era solo un jugador de *lacrosse*, de niño también fue un excelente nadador y clavadista.

Inspirados, los dos últimos estudiantes de primer año saltaron tomados de la mano, animados por el equipo. Los tres salieron juntos del lago. George sabía que tenían miedo y estaban incómodos, por eso hizo lo que los grandes lideres hacen. Se metió primero y lideró el camino.

Capítulo 6

El elegido

George fue seleccionado para llevar el casco al final de la temporada de práctica de otoño. Este honor no era algo que él buscara; era algo que se ganó. George nunca buscó crédito ni se preocupó por las estadísticas personales. Era el tipo de jugador que recogería una pelota del suelo, se la pasaría a un compañero, quien luego la pasaría a otra persona para que tomara el tiro y anotara. Su arduo trabajo y generosidad lo convirtieron en un líder natural. Tenía autoridad moral porque siempre hacía las cosas de la manera correcta. Nunca se relajaba en las prácticas o en los juegos. Su habilidad atlética impresionaba a todos, pero gracias a su ética de trabajo y su generosidad ganó respeto y admiración.

El cuerpo técnico le pidió a George que cambiara de ser un mediocampista defensivo de palo largo a un mediocampista defensivo de palo corto. Esto se debía a que el equipo ya tenía uno de los mejores mediocampistas de palo largo del país, un junior llamado Josh Heller. Creíamos que tener tanto a George como a Josh en el campo haría al equipo más fuerte. Sin embargo, también sabíamos que esta transición sería un desafío para George. Jugar con un palo corto en lugar de uno largo requiere un conjunto de habilidades diferente. Cuando le pedimos a George que cambiara, no se quejó. De hecho, todavía me asombro al recordar como él, nuevo y uno de los mejores mediocampista de palo largo estuviera dispuesto a cambiar para beneficiar al equipo.

En lugar de quejarse, George se enfocó en mejorar. Todos los días durante el resto del año, practicaba antes y después de las sesiones regulares, trabajó en sus habilidades con el palo. Sus compañeros de equipo se burlaban de él, decían que era el mejor atleta con las peores habilidades con el palo, pero George los ignoraba. Estaba decidido a mejorar. Muchas noches heladas, mucho después de que la práctica terminara y sus compañeros se estuvieran dando una ducha caliente, George aún estaría allí lanzando la pelota contra la pared. Todos notaron su dedicación, lo cual decía mucho sobre su carácter.

El arduo trabajo de George inspiró a sus compañeros de equipo. Impulsó a todos a trabajar más duro y mejorar sin decir una palabra. Sus acciones hablaban por él, y hasta los jugadores más veteranos del equipo lo admiraban.

Capítulo 7

Liderazgo generoso

 Cuando los jóvenes adultos ingresan a la universidad, a menudo cambian, se reinventan, crecen o maduran y se convierten en personas diferentes. Sin embargo, George siguió siendo la misma persona que era en la escuela secundaria durante su tiempo en Cornell. Aunque hablaba poco, sus ojos expresivos y su sonrisa radiante transmitían sus sentimientos. En el campo, era intenso, pero fuera de él, era alegre, amaba la vida, la música reggae y usar sandalias. A pesar de las bromas de sus padres sobre el clima frío de Cornell, George usaba sus sandalias.

Los principios de liderazgo de George se mantuvieron constantes a medida que el equipo evolucionaba. No hablaba muy seguido, pero cuando lo hacía, todos escuchaban, sabían que tenía algo importante que decir. Era humilde, sincero, alegre, generoso y compasivo, con un estilo de liderazgo simple y genuino. Siempre priorizaba a los demás sobre sí mismo.

George defendía a aquellos que no podían defenderse. Si molestaban a alguien o hablaban mal de ellos, George intervenía, les pedía que pararan sin hacerlos sentir mal. Bromeaba, pero nunca hablaba mal de nadie y no dejaba que otros lo hicieran tampoco. Era bondadoso, dando todo a su equipo sin quitarle nada a los demás. Amigos y compañeros de equipo de la secundaria recuerdan que era igual en ese entonces.

En la secundaria, George comenzó la práctica de ser el último en salir del vestuario. Jugaba fútbol, hockey y *lacrosse*, y siempre limpiaba después de todos para que el conserje no tuviera que hacerlo. Continuó esta práctica en la universidad, si entrabas al vestuario, verías a George limpiando. Como uno alumno del año superior, era el último en irse, y por eso, solía llevar a los estudiantes de primer año a su casa, porque sabía que tenían una larga y fría caminata hasta el Campus Norte. George siempre ponía al equipo primero y buscaba maneras de ayudar.

Una historia memorable del último año de George involucra una cena de equipo en un restaurante del centro. Muchos de los estudiantes de los años más grandes ya se habían ido, así que George se ofreció a llevar a los estudiantes de primer año de regreso al campus en su viejo Jeep Cherokee negro. En el camino, un policía los detuvo. Al ver el coche lleno de estudiantes de primer año, les pidió a todos que salieran. De a uno comenzaron a bajarse del auto, lo que llevó mucho tiempo ya que eran muchos. El policía empezó a reír, no podía creer que había 12 personas en el auto. Pero así era George, estaba para todos y no dejaría a nadie atrás.

Capítulo 8

Un creador de cambios

 George provenía de una familia trabajadora dedicada a ayudar a los demás, y vivía según esos valores. Su equipo sabía que siempre podían contar con él. George se sacaría la camiseta y se la daría a alguien que la necesite. Vivía para su equipo y para los demás, no para sí mismo. No fue una sorpresa cuando lo nombraron capitán en su último año. Pero su liderazgo se extendía más allá del vestuario y el campo.

Fuera de temporada, George se ofrecía como asistente para un equipo de la Liga Pequeña los fines de semana en los establos de polo de Cornell. Cuando era niño jugó béisbol y tuvo entrenadores voluntarios, quería devolver el favor de la misma manera.

En 2004, Ladeen Case, la esposa de nuestro entrenador atlético Jim Case, preguntó si nuestros jugadores estarían interesados en leer a los estudiantes de primaria en su escuela en el centro de Ithaca. George, que estaba cerca, rápidamente organizó a sus compañeros para visitar a los estudiantes después de nuestro próximo juego.

George no estaba seguro de sus planes después de graduarse, pero comenzó a considerar seriamente la enseñanza. Este interés creció después de visitar a su compañero de equipo de la escuela secundaria y amigo de la universidad Brigham Kiplinger, un maestro de Teach For America en Washington, DC. Trabajar con los niños en la clase de Brigham emocionó a George, y oficialmente solicitó unirse a Teach For America, con la esperanza de enseñar en las reservas Lakota Sioux de Pine Ridge y Rosebud en Dakota del Sur. En Cornell, George estaba fascinado por la cultura nativa americana y quería ayudar a esos niños.

George estaba tan entusiasmado con esta oportunidad para enseñar que estaba muy nervioso por el miedo de no ser elegido para el programa. Tuvo que escribir un ensayo y presentarse a una entrevista formal. La noche anterior a su entrevista, le contó a su amigo y compañero de equipo Scott Raasch que estaba muy nervioso. Scott le aseguró que no tenía nada de qué preocuparse, pero George le explicó que se sentía incómodo hablando sobre sí mismo y sus logros.

Al día siguiente, Scott vio a George dirigiéndose a la entrevista. Cuando Scott le preguntó si estaba nervioso, George mostró humorísticamente sus axilas manchadas de sudor. Se rieron, y Scott le deseó suerte. Más tarde, otro amigo, David Coors, vio a George después de la entrevista. George, con una gran sonrisa, mostró nuevamente sus axilas y las manchas de sudor. Ni David ni Scott pudieron hablar sobre la entrevista con George, ya que él ya estaba enfocado en el próximo juego.

El juego, reprogramado de la noche anterior debido a la nieve, fue el miércoles 17 de marzo. A pesar de sus nervios por la entrevista de Teach For America, George estaba ansioso por el juego. A principios de la temporada, nuestro equipo no jugaba bien, y como capitán, George se sentía responsable. Sabía que algo faltaba, pero no podía precisar qué era.

Capítulo 9

El corazón de un líder

 En el segundo juego de la temporada, nuestro equipo sufrió una vergonzosa derrota ante Georgetown en Washington, DC, frente a muchos amigos y familiares de George en su ciudad natal. Estaba muy molesto por nuestro desempeño. Después de eso, ganamos por poco contra Stony Brook, pero el equipo jugó por debajo de su potencial. George fue implacable en ese juego, robaba el balón, recogía balones sueltos y corría incansablemente para llevarnos a la victoria.

Antes del siguiente juego el día 17, George caminaba de un lado a otro en el vestuario y compartió sus preocupaciones con su compañero, Andrew Collins. Dijo que el equipo no estaba donde debía estar y quería volver a encarrilarnos.

Era una noche de miércoles intensamente fría, y nuestro equipo nuevamente jugaba por debajo de su potencial. Deberíamos haber ganado cómodamente, pero en el último cuarto, solo liderábamos por unos pocos goles. En ese momento, George no debería haber jugado; deberíamos haber asegurado la victoria para que los jugadores más jóvenes pudieran ganar experiencia. Sin embargo, con el juego cerrado y el resultado incierto, George continuó jugando incansablemente, trataba de asegurar una victoria.

Nuestro oponente tenía la pelota en ofensiva en una situación de superioridad numérica, buscaba anotar y empatar el juego. Dispararon desde unos 15 metros, pero George lo bloqueó con el pecho. Dio unos pasos hacia la línea de banda, tambaleó y cayó al césped. Jim Case, el entrenador atlético de *lacrosse*, corrió de inmediato, sabía que algo estaba muy mal. Jim realizó RCP durante varios minutos hasta que llegó la ambulancia y llevó a George al hospital, donde intentaron reanimarlo sin éxito.

Fue el peor momento de mi vida y uno que me definiría como persona y entrenador para siempre. Fue uno de los pocos juegos que los padres de George se habían perdido en tres años y medio; debido a que se había reprogramado, no habían podido asistir. Aproximadamente 90 minutos después de que sacaran a George del campo, recibimos la noticia del hospital de que había fallecido. Después de un momento de reflexión silenciosa, llamé al Sr. y la Sra. Boiardi para darles la noticia. Fue lo más difícil que he tenido que hacer. Nada te puede preparar para ese momento. Luego tuve que decírselo al equipo. Estaban en el vestuario, esperaban y querían buenas noticias sobre George. Entré con lágrimas en los ojos y tuve que volver a la oficina del entrenador para calmarme antes de hablar con ellos. El equipo estalló en lágrimas, lleno de conmoción, incredulidad y tristeza. Lloraron juntos. Su capitán, compañero de equipo, amigo y el corazón de nuestro equipo se había ido.

Capítulo 10

Las manos de una madre

 La familia de George se apresuró a llegar a Cornell para verlo una última vez antes de reunirse con el equipo al día siguiente en el vestuario. Los jugadores estaban sentados en sus taquillas, algunos llorando, otros muy angustiados.

La Sra. Boiardi, acompañada por su esposo, entró en el vestuario. Después de una larga pausa, comenzó a hablar con el equipo. Compartió cuánto George los quería y al equipo, explicó que eligió Cornell por ellos. Enfatizó la importancia de pasar tiempo con los amigos, amar a la familia y cuidar de los demás. Les instó a expresar su amor a sus amigos y familiares. Mientras hablaba, caminaba y acariciaba la cabeza de cada joven, asegurándoles que eran una familia y que superarían esto juntos. Su fortaleza era notable, especialmente si se tenía en cuenta que acababa de perder a su único hijo. A pesar de su fuerte dolor, nos consoló con una fuerza y un amor sobrehumanos. Todavía no sé cómo lo hizo. Ella y su marido recién habían perdido a su hijo y nos estaba dando ánimos a nosotros. Todos éramos tan jóvenes. Yo tenía 33 años, el asistente del entrenador Ben DeLuca tenía 29, el asistente del entrenador Patrick Dutton tenía 25, y nuestro equipo estaba compuesto por jóvenes de 18 a 22 años. Estábamos perdidos, sin una guía para tal situación. En nuestro shock y dolor, la Sra. Boiardi se convirtió en nuestro ancla.

Años después, le pregunté a la Sra. Boiardi cómo encontró la fuerza para hablar con el equipo. Ella explicó que vio los corazones rotos de los amigos y compañeros de equipo de George. Para ella, todos eran sus hijos, y necesitaba estar allí para consolarlos y amarlos.

Capítulo 11

Momento clave

 Los entrenadores y el equipo no estaban seguros de si debían cancelar el resto de la temporada. Algunos jugadores querían seguir jugando para distraerse, mientras que otros no podían enfrentarse a jugar en el campo donde su amigo y compañero de equipo falleció. Emocionalmente agotados e inseguros, cancelamos nuestro próximo juego contra la Universidad de Carolina del Norte (UNC). En su lugar, decidimos viajar a Carolina del Norte como estaba planeado, pero sin jugar *lacrosse*. Pasamos tiempo juntos, vimos a UNC jugar contra Duke, fuimos al cine y jugamos fútbol americano sin contacto. Fue un tiempo para estar juntos y escapar de todo.

Luego viajamos a Washington D. C., para el funeral de George. Todavía puedo escuchar la canción «On Eagle's Wings» sonando. La hermana mayor de George, Elena, dio un emotivo elogio. Recordó su tiempo en Florencia, Italia, lejos de George, que estaba en Cornell. Dijo: «Muchos tienen miedo a la oscuridad, pero (mi hermana) Caroline y yo no tenemos miedo porque la luz de George era fuerte. Cuando George estaba cerca, nunca veías tu sombra . . . . Una tarde mientras estaba en Florencia, caminé por las salas del museo

Bargello. Llegué a una sala llena de una fuerte luz; me sentí atraída por ella. Al mirar las estatuas en la sala, llegué a un nicho y a una estatua de San Jorge. Me senté frente a ella y escribí: "Eres joven, hermoso y delicado, reflejas solo paz. Cuidas de los demás en la suave luz de la sala. La oscuridad se ha ido. Puedes descansar ahora, San Jorge"».

Sus palabras, escritas años antes de la muerte de George, resonaron con nosotros, capturaban cómo nos sentíamos acerca de George y la luz que trajo a nuestras vidas. Después del funeral, regresamos a Ithaca para un servicio conmemorativo donde habló el Sr. Boiardi. Terminó su discurso con: «Quiero dejarles un pensamiento: cuando una gota de lluvia cae a través del aire quieto hacia una piscina de agua, puede atrapar momentáneamente la luz del sol y refractar un espectro completo de color. Cuando la gota de lluvia llega a la piscina, desaparecerá. Pero si la piscina está perfectamente calmada, la energía transferida de esa gota de lluvia continuará en ondas concéntricas perfectas, extendiéndose más allá de nuestra vista».

Después del servicio conmemorativo, nos reunimos como equipo en la sala del Salón de la Fama para decidir el futuro de la temporada. El Sr. y la Sra. Boiardi nos dijeron que George habría querido que jugáramos y nunca nos rindiéramos. Nos dieron su bendición y fuerza para seguir adelante. Decidimos continuar la temporada, no para ganar por George, sino para honrarlo. Nos propusimos jugar como él lo hacía, con integridad y compromiso. Desde ese momento, nos enfocamos en ser grandes compañeros de equipo. Nos volvimos generosos, comprometidos, unidos, trabajadores, apasionados e implacables. Fue un momento definitorio para nosotros y nuestro programa. La presencia de George, simbolizada por un casco pintado con su número 21, nos inspiró a jugar con fuerza y a mantenernos comprometidos entre nosotros y su legado.

Irónicamente, durante una tragedia así, le pediríamos ayuda a George. Aunque no estaba físicamente con nosotros, encontramos fuerza en su memoria. Habíamos sido un equipo sin corazón, y George nos dio el suyo.

Si tuvieras un hijo, querrías que fuera como George. La Sra. Boiardi ahora tenía 42 hijos, todos esforzándose por ser como él. Fue entonces cuando todo cambió.

Momento clave

Capítulo 12

El espíritu de un equipo

 Nuestro primer juego de regreso fue contra Yale un sábado por la tarde. Para honrar a George, decidimos llevar parches de su casco con el número 21, en nuestras camisetas. Ver las camisetas con los parches por primera vez despertó muchas emociones en el equipo.

Mientras comenzábamos a prepararnos antes del juego, una densa niebla se instaló, haciendo imposible ver de un extremo del campo al otro. Jamás vi algo así. Tuvimos que pasar el juego al día siguiente. Muchos de los jugadores vieron esto como una señal de George.

Jugamos contra Yale el domingo, que resultó ser un hermoso día soleado en Ithaca. La sensación al salir del vestuario fue inolvidable. Colocamos una gran foto de George con un uniforme rojo de Cornell en una mesa para recordar al equipo nuestro propósito. Cada jugador pasó junto a la foto enmarcada con gran emoción antes de salir al campo. Jugar el partido fue terapéutico para muchos de los jugadores, dándoles la oportunidad de volver a algo que amaban por una causa mayor. Ganamos el juego 10 a 6.

Luego viajamos a Filadelfia y perdimos un juego cerrado contra la Universidad de Pensilvania 10 a 8. A pesar de su fuerte desempeño, a nuestro equipo le faltaba pasión. El peso emocional del juego contra Yale se había desvanecido, y podíamos sentir la tensión en los jugadores. Las líneas entre jugar por George y ganar por George se difuminaron, y aumentó la presión y fatiga mental.

Antes de nuestro próximo juego contra Harvard, tuvimos una reunión improvisada en el hotel para discutir nuestras emociones. Esto nos ayudó a recuperar la perspectiva de por qué estábamos jugando. Al día siguiente, remontamos varios goles para vencer a Harvard 10 a 9 en tiempo extra. Nos devolvió la esperanza que necesitábamos. Esta perspectiva nos llevó a través de un tramo importante de la temporada, tuvimos victorias y derrotas.

Después de nuestra remontada contra Harvard, perdimos un juego difícil contra Syracuse en casa bajo la lluvia. Luego jugamos contra Dartmouth y anotamos con tres segundos restantes para ganar 12 a 11. Habíamos ganado casi todos los juegos contra nuestros oponentes de la Ivy League de manera dramática y estábamos listos para enfrentar a nuestro mayor rival, Princeton, en su campo.

Este juego fue particularmente significativo ya que George había elegido Cornell sobre Princeton, a quien no habíamos vencido en 10 años. Antes del juego, nos sentamos en círculo, nos tomamos de las manos y hablamos sobre lo que George significaba para nosotros. Cada jugador compartió sus pensamientos sobre ser compañero de equipo de George y lo que el juego habría significado para él. Este espíritu cambió nuestros rituales previos al juego para siempre.

El juego fue muy competitivo y llegamos a tiempo extra empatados 11 a 11. JD Nelson, nuestro hombre de *face-off*, ganó el sorteo y pedimos un tiempo muerto. Cuando volvimos al campo, Justin Redd, uno de nuestros atacantes, esquivó por atrás de la portería, disparó y anotó. Ganamos 12 a 11. La celebración fue sentida pero moderada, ya que sabíamos que era solo un juego comparado con la pérdida de George. Los chicos se quedaron después del juego, celebraban con sus familias y disfrutaban de la victoria. Fue especial ver a los padres de George, quienes habían asistido a todos los juegos de esa temporada.

Continuamos nuestra racha ganadora contra Brown, aseguramos una parte del título de la Ivy League con una victoria de 10 a 9. Avanzamos al torneo de la NCAA, ganamos la primera ronda contra Hobart 11 a 5 y pasamos a jugar contra Navy en los cuartos de final. Navy tenía uno de los mejores equipos del país, pero nos enfocamos en los valores de George. Jugamos en casa, vimos un mar rojo en las gradas, con cientos de personas que tenían las camisetas rojas de Cornell con el número 21. Fue muy emotivo. Solo unos pocos años antes, la tragedia del 11-S había sucedido, y los chicos del equipo opuesto un día estarían luchando por nuestro país. A pesar de nuestro gran respeto por Navy, queríamos honrar a George con nuestro juego. El partido fue ferozmente competitivo, pero perdimos 6 a 5.

El *lacrosse*, a menudo referido como *el juego de sanación* por sus creadores nativos americanos, nos unió. El final de nuestra temporada fue más decepcionante que la derrota ante Navy, ya que significaba que no continuaríamos sanando y uniéndonos cada día en la práctica. Habíamos superado la mayor tragedia de nuestras vidas para lograr más de lo esperado. Todos estaban orgullosos de este grupo resiliente y generoso de jóvenes que dieron todo el uno por el otro y por nuestra temporada. El ejemplo de George inspiró a nuestro equipo, enseñándonos la esencia de ser un compañero honorable y un auténtico *equipo*.

Cómo ser un gran compañero de equipo

Tercera parte

Cómo ser un gran
compañero de equipo

Capítulo 13

La casa de George

 Ver al equipo de 2007 jugar en las semifinales de la NCAA y escuchar a Jeff hablar sobre George y la temporada de 2004 dejó en claro que George tuvo un impacto significativo no solo en su equipo, sino también en todo el programa de *lacrosse* de Cornell. Muchos jugadores del equipo de 2007 nunca habían conocido a George, sin embargo, se sentían inspirados por él.

La temporada de 2004 marcó el comienzo de la influencia de George en el *lacrosse* de Cornell. Jeff mencionó que el casillero de George nunca fue reasignado y todavía tiene su foto y su camiseta con el número 21. Ver la foto de George a diario recuerda a los jugadores su espíritu y presencia. George perdió la vida jugando el deporte que amaba y motivó a los futuros jugadores a dar su mejor esfuerzo. Su dedicación llevó al equipo de *lacrosse* de Cornell a ser generoso y a esforzarse más. El campo Schoellkopf se conoció como «La casa de George». Antes de cada partido en casa, el equipo decía: «Tenemos que proteger la casa de George». Los jugadores seguían las «estadísticas Boiardi», que incluían balones sueltos, esfuerzo y jugadas generosas. Se reconocía a aquellos que jugaban para el equipo, en lugar de por gloria personal. Las «estadísticas Boiardi» se convirtieron en parte de la cultura del *lacrosse* de Cornell. Un esfuerzo al estilo Boiardi significaba aumentar la dedicación y el juego. La iniciativa de George de organizar a sus compañeros para leer a niños de primaria evolucionó en el programa *Big Red Readers*, que aún existe en la actualidad. Los veteranos compartían la historia de George y la última clase que jugó con él (los graduados de 2007) con los nuevos estudiantes y futuros jugadores de *lacrosse* de Cornell, incluso hicieron un video sobre George, disponible en www.HardHat21.com.

George Boiardi: 21

Desde que aprendí sobre George y la temporada de 2004, seguí de cerca al equipo de Cornell y observé su ascenso para convertirse en uno de los mejores equipos del país. Desde 2004, ganaron el título de la Ivy League y llegaron al torneo de la NCAA todos los años excepto en 2012. Alcanzaron la Final Four de la NCAA en 2007, 2009, 2010 y 2013, y las finales en 2009.

Cualquiera que observe puede sentir que el equipo de Cornell está impulsado por un propósito mayor. Juegan no solo por el *lacrosse*, sino por George, en la Casa de George. No solo quieren ganar, se enfocan en ser grandes compañeros de equipo, lo que no garantiza victorias, pero asegura que den todo de sí mismos por los demás.

Capítulo 14

Aprender de George

 Varios años después de mi conversación con Jeff, asistí a la *Cena 21* que hacen todos los años en la ciudad de Nueva York. Este evento reúne a los antiguos compañeros de equipo, amigos y familiares de George para apoyar la Fundación Mario St. George Boiardi, fundada por sus amigos y compañeros de equipo. Sentí la necesidad de estar allí, aunque no sabía por qué.

La cena se realizó a finales de enero. Una tormenta de nieve azotó el oeste de Virginia, donde tenía un compromiso para dar una charla esa mañana. Mi vuelo a Nueva York se canceló por la fuerte nevada. Tenía una opción: esperar a que pasara la tormenta o encontrar otra manera de llegar. El presidente de la empresa que me invitó a hablar también se dirigía a Nueva York. Me ofreció un viaje en taxi hasta Washington D. C., donde podríamos tomar un tren a Nueva York. Conducimos casi 300 kilómetros a través de la tormenta de nieve, por carreteras heladas y sin despejar con nuestro hábil conductor, Samad. Evitamos varios accidentes y llegamos justo a tiempo para tomar el último tren a Nueva York.

En el tren, pensé en George y su profundo impacto en sus compañeros de equipo. Me pregunté si mis amigos se verían igualmente afectados si yo hubiera muerto en el mismo campo que George. ¿Se reunirían cientos de personas para una cena años después para apoyar mi fundación? ¿Hubiese podido transformar un programa? Honestamente, la respuesta era no. No era el tipo de compañero de equipo que era George. A los 18, 19, 20 años, estaba más preocupado por mí que por los demás. No siempre daba el 100 por ciento, no practicaba tanto como debía, ni lideraba con el ejemplo. Me pregunté qué había hecho George, además de lo que Jeff compartió, que lo hacía un gran compañero de equipo.

Después de llegar a Nueva York, tomé un taxi hasta la *Cena 21*. Llegué con un poco de tiempo de sobra. Estaba agradecido de haberlo logrado. No pensé que lo haría, pero tenía que intentarlo porque George lo habría hecho. Al entrar en la reunión, me di cuenta de que, aunque nunca conocí a George, él me estaba convirtiendo en una mejor persona. No es de extrañar que tuviera un impacto tan grande en las personas que conocía.

Durante las últimas horas del evento, hablé con sus compañeros de equipo y amigos para aprender más sobre cómo impactó a quienes lo rodeaban. Descubrí lo que hacía a George un gran compañero de equipo y quería compartir esas características con otros, como tú. No puedo cambiar mi pasado ni el tipo de compañero de equipo que fui, pero al enseñarte sobre George, puedo ayudarte a crear tu futuro y ser un mejor compañero de equipo hoy. La madre de George me dijo que, aunque George no tuvo la oportunidad de cumplir su sueño de ser maestro, continúa enseñando a otros a través de la forma en que vivió su vida.

Aunque ninguno de nosotros será Mario St. George Boiardi, podemos aprender de él y esforzarnos por ser más como él. Creo que George fue uno de los mejores compañeros de equipo que jamás haya existido y es un gran modelo y maestro para todos nosotros.

Capítulo 15

21 maneras de ser un gran compañero de equipo

Una cita de Willard Straight sobre la chimenea en Willard Straight Hall en la Universidad de Cornell: *«Trata a todas las mujeres con caballerosidad • El respeto de tus compañeros vale más que los aplausos • Entiende y simpatiza con aquellos que son menos afortunados que tú • Forma tu propia opinión, pero respeta las opiniones de los demás • No pienses que algo está bien o mal solo porque alguien te lo dice • Piénsalo*

*por ti mismo, guiado por el consejo de aquellos a quienes res-
petas • Mantén la cabeza en alto y la mente abierta, siempre
puedes aprender • Extractos de la carta de Willard Straight
a su hijo».*

1 Suda más

Los compañeros de equipo de George a menudo hablaban
de su esfuerzo legendario en todo lo que hacía, ya fuera en
el gimnasio, en el aula, corriendo *sprints*, trabajando en sus
habilidades con el palo, calentando o jugando en el campo.
Siempre daba el 100 por ciento.

Mitch Belisle, un estudiante de primer año cuando George
estaba en su último año recuerda el intenso sudor de George
durante las sesiones en el gimnasio. Bromeaba diciendo que
el sudor de George le caía encima mientras hacía press de
banca. «Nos ponían juntos casi siempre durante las sesiones de entrenamiento de otoño» dijo Mitch. «Recuerdo que
el sudor de George caía sobre mí mientras intentaba levantar
las pesas. Su camiseta siempre estaba empapada, y su sudor
caía sobre mí. Pero el sudor de George mostraba lo duro que
trabajaba. Era la persona más trabajadora que he conocido».

Scott Raasch recuerda una práctica nocturna fría en
febrero cuando el césped estaba congelado. «Tratamos de
ignorar el frío. Después de algunos ejercicios con el palo y
calentamientos, el entrenador Tambroni nos llamó para una
charla. Me paré detrás de George y noté que era el único
jugador que sudaba y se podía ver a través de sus protectores

y sudadera. Pensé: "¿Cómo es que George ya está sudando?", mi objetivo para el resto de la noche fue esforzarme para sudar como George después de los calentamientos».

Enseñanza

Como miembro de un equipo, una cosa que controlas diariamente es tu esfuerzo. Al trabajar más duro, sacas lo mejor de ti y de tu equipo.

2 Recuerda: es mejor algo bien hecho que bien dicho

George era la definición de liderar con el ejemplo. No buscaba reconocimiento, premios ni roles de liderazgo. Simplemente hacía las cosas de la manera correcta y se ganaba el respeto y la admiración de sus compañeros.

Andrew Collins, capitán conjunto de George en su último año, dijo: «George vivía según el lema: "es mejor algo bien hecho que bien dicho". No intentaba motivar con palabras, sino que inspiraba con acciones. Siempre miraba a George y pensaba, él se esfuerza por ser el mejor, así que yo también debo esforzarme por ser el mejor».

David «Moose» Mitchell, un estudiante de primer año cuando George estaba en su último año, dijo: «George hacía todo bien. Era un atleta trabajador y una persona genuina, lo que te hacía querer ser como él. Era una buena persona, confiable, y por eso lo seguías. Algunos líderes lideran con carisma; George lideraba con el ejemplo».

Aprendizaje

Las palabras son poderosas, pero las acciones hablan más fuerte. Aunque los mensajes inspiradores y el ánimo son importantes, tus acciones como compañero de equipo tienen el mayor impacto. George a menudo instaba a su equipo a «dar más» cuando faltaba esfuerzo. Recuerda, siempre es mejor algo bien hecho (BH) que bien dicho (BD), por lo tanto: BH > BD. Lidera con el ejemplo para que cuando hables, las personas te escuchen porque ya te has ganado su respeto con lo que has comunicado con tus acciones.

3 Elige ser humilde y esfuérzate para mejorar

Los compañeros de equipo en la escuela secundaria y la universidad de George siempre admiraban su humildad. Probablemente se sentiría avergonzado por un libro escrito sobre él. Su humildad inspiró muchas historias. Además de ser humilde, George tenía un impulso implacable por mejorar. Nunca se conformaba con ser promedio y siempre apuntaba a la excelencia. Su humildad y espíritu competitivo lo hacían destacar.

Por ejemplo, después de los juegos de la escuela secundaria, los padres de George lo felicitaban, pero él prefería hablar sobre el esfuerzo del equipo. La Sra. Boiardi señaló: «En las fotos del equipo, George siempre estaba en el fondo. Nunca buscaba el protagonismo o el reconocimiento».

Ian Rosenberger, un amigo y compañero de equipo de Cornell, dijo: «La gente hablaba de George por sus acciones, no porque buscara reconocimiento. Era humilde, nunca se consideraba una gran cosa. Era un atleta increíble sin arrogancia, siempre esforzándose por aprender y mejorar».

Aprendizaje

Ser humilde y esforzarte para mejorar es una combinación poderosa. En el momento en que piensas que has alcanzado la grandeza, esta se escapa. El éxito requiere ser un aprendiz de por vida que trabaja continuamente para mejorar. Al mantenerte humilde y esforzarte para mejorar, y enfocarte en el proceso, apreciarás los resultados.

4 Buscar la excelencia

George ejemplificó la humildad y el esfuerzo al buscar la excelencia en todo lo que hacía. No solo quería mejorar; tomaba medidas para hacerlo. Siempre estaba preparado, y si se sentía inseguro, se preparaba aún más. A menudo era el último en irse y el primero en llegar al vestuario.

Los compañeros de equipo de George confirmaron lo que Jeff Tambroni decía sobre su dedicación. En el gimnasio, su objetivo era hacerse más fuerte. Durante las sesiones de carrera, su objetivo era correr más rápido. Cuando cambió de bastón largo a bastón corto, pasó incontables horas practicando para mejorar. A pesar de correr la carrera de 40 yardas más rápida en la historia de Cornell Athletics, siempre intentaba superar su tiempo. George no se conformaba con ser el mejor; su objetivo era ser lo mejor que podía ser. No se comparaba con otros, sino que buscaba superar su propio tiempo, esforzándose por mejorar. Aplicaba el mismo esfuerzo en el aula, dedicaba horas a estudiar y prepararse para las clases y los exámenes.

Aprendizaje

Cada día, esfuérzate por ser mejor de lo que fuiste ayer. Identifica áreas para mejorar y concéntrate en ellas. Evita conformarte con el promedio; en su lugar, apunta a la grandeza. Entiende que, aunque muchos aspiran a la grandeza, pocos están dispuestos a hacer el esfuerzo necesario. Tienes que estar dispuesto, motivado y ser humilde. Persigue la excelencia.

Para apoyarte a ti mismo y a tu equipo, aplica la regla del 1 por ciento. Este principio sugiere que pequeños aumentos en tiempo, energía, esfuerzo, práctica, enfoque y cuidado pueden llevar a resultados significativos. Al esforzarte por dar solo un 1 por ciento más en cada práctica, juego, sesión de video, clase, tarea y proyecto, lograrás un progreso sustancial con el tiempo.

5 Comparte energía positiva y contagiosa

Los esfuerzos y el espíritu positivo de George eran contagiosos. En el campo, trabajaba duro e intensamente, pero fuera de él, era alegre y positivo.

Todos sus compañeros de equipo notaban su constante positividad y amabilidad. Nunca hablaba mal de nadie y se preocupaba genuinamente por los demás, siempre preguntando cómo estaban. George no solo era un trabajador incansable; era alguien a quien todos respetaban y disfrutaban tener cerca. Su sonrisa iluminaba cualquier habitación y hacía que las personas se sintieran mejor por su presencia.

A George le encantaba celebrar con su equipo, a menudo bailaba en las fiestas hasta quedar empapado en sudor. Su entusiasmo por la vida era contagioso. Disfrutaba escuchar *reggae* con amigos, jugar videojuegos con sus hermanos de fraternidad y andar en su bicicleta de montaña por el campus. El verano antes de su último año, vendió helados desde un camión en la Isla de Nantucket con Ian Rosenberger y apoyó a amigos y compañeros de equipo que enfrentaban desafíos. A pesar de tener amigos cercanos, nunca formó grupos exclusivos y siempre compartió su energía positiva con todos en el equipo.

Aprendizaje

Como miembro de un equipo, controlas tanto tu esfuerzo como tu actitud. Una clave para ser un gran compañero de equipo es mantener una actitud positiva y compartir tu energía positiva. Se ha comprobado que las actitudes y emociones son contagiosas. Cada día, puedes elevar a tu equipo con energía positiva o desanimarlos con energía negativa. Puedes ser un germen o una gran dosis de vitamina C. Compartir energía positiva mejora el ánimo, la moral y el rendimiento de tu equipo.

6 No te quejes

Once años antes de que George asistiera a Cornell, entré a la oficina de mi entrenador como estudiante de primer año y me quejé de mi desempeño. Él me llevó a la puerta y dijo: «Oye chico, no hablamos de este juego, lo jugamos. No te quejes. Hazlo en el campo». Regresé a mi dormitorio, decidido a demostrar todo lo que era capaz en el campo. Ahora que lo pienso, me doy cuenta de que me estaba enseñando la misma lección que George implementó cuando lo cambiaron de palo largo a palo corto. En lugar de quejarse, George se mantuvo positivo y trabajó duro para mejorar. Su compañero de equipo Josh Heller recordó cómo George manejó la situación sin una sola queja, incluso cuando tenía todo el derecho a hacerlo. Los entrenadores y sus mejores amigos notaron que nunca expresó una palabra de descontento. En cambio, se centró en mejorar y en satisfacer las necesidades del equipo. Con el tiempo, redefinió la posición de mediocampista de palo corto y se convirtió en uno de los mejores jugadores en ese rol.

Aprendizaje

A veces, las cosas no salen como queremos. Las situaciones pueden parecer injustas, y podemos sentirnos justificados para quejarnos. Sin embargo, quejarnos desvía nuestra atención de hacer nuestro mejor esfuerzo. Si trabajamos duro, nos mantenemos positivos y priorizamos las necesidades del equipo, las cosas tienden a resolverse. Para ser un gran compañero de equipo, evita quejarte y mantén una actitud positiva. No siempre puedes controlar lo que sucede, pero puedes controlar tu respuesta, lo cual a menudo determina el resultado.

7 Hazlo por tu equipo, no por los aplausos

Una de las citas favoritas de George, grabada sobre la chimenea en Willard Straight Hall en Cornell, proviene de una carta de Willard Straight a su hijo: «El respeto de tus compañeros vale más que los aplausos». La familia y los compañeros de equipo de George compartían que a él le encantaba ser parte de un equipo más que cualquier otra cosa. Hacía todo por el equipo, no por el reconocimiento. George no buscaba elogios o premios; se enfocaba en mejorar a sus equipos, ayudarlos a ganar y hacer un impacto siempre poniendo al equipo primero. Cada compañero de equipo compartía historias que ilustraban que George haría lo que fuera necesario para mejorar el equipo.

Aprendizaje

Los grandes miembros del equipo siempre priorizan al equipo. Trabajan diligentemente por el éxito del equipo, desarrollándose continuamente para ayudarlos mejor. Su lema es hacer lo que sea necesario para mejorar el equipo. No buscan reconocimiento personal; en cambio, dan crédito al equipo por los logros. Aunque tienen ambiciones, dejan a un lado su ego para realmente poder ayudarlos.

Poner al equipo primero es desafiante, pero esencial para ser un compañero excepcional como George. En un mundo centrado en uno mismo, ser un gran compañero requiere tanto esfuerzo como tener un gran rendimiento. En última instancia, el equipo valora más a un supercompañero que a una superestrella. Al priorizar al equipo, te conviertes en un héroe ante sus ojos.

8 Demuestra que estás comprometido

Los compañeros de equipo de George reconocieron su dedicación al equipo a través de sus acciones. Frankie Sands, uno de los compañeros de equipo de George, compartió una historia que ilustra el compromiso de George:

«Durante la temporada baja, los entrenamientos de los viernes por la mañana eran los más duros. El cuerpo técnico sabía que esperábamos con ansias el fin de semana, así que hacían estas sesiones desafiantes. Después de levantar pesas, hacíamos entrenamiento de cardio en la sala de césped. Un viernes, durante el tercer año de George, tuvimos que completar seis carreras cronometradas de 300 yardas para terminar el entrenamiento. Cada jugador tenía que terminar dentro del tiempo establecido para que la vuelta contara. George, el más rápido del equipo, siempre terminaba entre los tres primeros.

Durante el quinto *sprint*, George tuvo un ataque de asma y luchó por respirar al terminar la carrera. Como dos o tres jugadores no terminaron a tiempo, tuvimos que correr la vuelta de nuevo. A pesar de que los entrenadores, capitanes y nuestro entrenador de fuerza le pidieron a George que se sentara, él se negó. George creía que si el equipo tenía que correr, él también. Estaba con mucho dolor, su rostro rojo brillante. Hoy en día, los entrenadores habrían detenido la práctica para recibir atención médica, pero George se aseguró de terminar dentro del tiempo. Su determinación motivó a todos, y no me sorprendería si nuestro tiempo promedio para la sexta vuelta fue más rápido que el de la primera».

Aprendizaje

George era querido por su equipo debido a su inquebrantable compromiso. Para ser un gran compañero, debes demostrar tu dedicación a través de acciones, no solo palabras. Recuerda siempre: para recibir compromiso, debes estar comprometido.

9 Nunca te detengas

Una característica que describe muy bien a George era que no se tomaba un descanso. Nunca vacilaba ni tomaba el camino fácil. Su consistencia era evidente en todo lo que hacía. Su compañero de equipo Tim Kirchner recordó: «Después de la práctica, mientras la mayoría de nosotros nos relajábamos, George tomaba sus libros y estudiaba para un examen. El mismo esfuerzo que mostraba en el campo, lo aplicaba a sus estudios y a cada aspecto de su vida. Nunca se tomaba un respiro, dentro o fuera del campo. Como resultado, siempre podías contar con George».

Aprendizaje

Los compañeros de equipo a menudo muestran inconsistencia. Experimentan fluctuaciones en el estado de ánimo y el comportamiento, siendo positivos un día y negativos al siguiente. De manera similar, sus esfuerzos y acciones pueden variar, dando lugar a lo impredecible. Esta inconsistencia hace difícil que el equipo confíe y dependa de ellos.

Para ser un compañero de equipo confiable, la consistencia en la actitud, el esfuerzo y las acciones es crucial. Como George, mantén una actitud positiva de manera constante y esfuérzate por dar lo mejor de ti en todas las situaciones. Apunta a mejorar cada día y permanece firme, como un árbol profundamente arraigado, independientemente de las circunstancias externas. Sé el compañero de equipo en el que todos puedan confiar y contar.

10 Sé responsable y haz que tu equipo también lo sea

George ejemplificaba la excelencia constante. Se mantenía a sí mismo con los más altos estándares y esperaba lo mismo de sus compañeros de equipo. George lideraba con el ejemplo, inspiraba a otros a dar lo mejor de sí mismos. Él no quería que lo sigan, él quería que igualen su dedicación. Sus compañeros de equipo a menudo notaban que los hacía responsables a través de sus acciones.

Por ejemplo, Chris Viola compartió que durante sus sesiones de entrenamiento del equipo los viernes por la mañana, comenzaban con una carrera de casi dos kilómetros. George, siempre uno de los primeros en terminar, volvía para animar a los que aún estaban corriendo. Su presencia los instaba a esforzarse más. A veces, la responsabilidad de George se manifestaba a través de una mirada poderosa y silenciosa. Aunque rara vez hablaba, sus ojos transmitían sus expectativas. De vez en cuando, motivaba verbalmente al equipo con frases como «apúrense», «vamos, chicos» o «vamos». Las acciones y palabras de George aseguraban que su equipo nunca se conformara con menos de lo mejor. Tim DeBlois comentó: «George no te hacía responsable como un policía. Lideraba con el ejemplo, y querías sobresalir porque George lo hacía. Su cuidado te hacía preocuparte».

David Mitchell recordó un momento memorable cuando George lo hizo responsable de sus actos. Durante un ejercicio de 300 yardas, David pensó erróneamente que había terminado y corrió a través de la línea. Sin embargo, George lo agarró del brazo y lo impulsó de nuevo al ejercicio para la repetición final. No se intercambiaron palabras, pero el mensaje fue claro: no has terminado hasta que *termines*. Esta breve lección de tres segundos dejó un impacto duradero en David.

Aprendizaje

El ejemplo de George es sencillo e impactante. Para responsabilizar a tu equipo, primero debes responsabilizarte a ti. Al establecer altos estándares para ti, puedes esperar lo mismo de tu equipo. Cuando exiges excelencia de tu equipo, ellos se esforzarán por cumplir tus expectativas. Ser un gran compañero implica mantener a los demás en los altos estándares de excelencia que tu cultura espera.

11 Respeta a todos y espera recibir respeto

George podía responsabilizar a su equipo porque ganó autoridad moral a través de su trato respetuoso hacia los demás. Sus compañeros de equipo informaban que siempre trataba a todos con respeto, sin importar su estatus. Ya fuera un estudiante de primer año, un estudiante no muy popular de la escuela secundaria o un capitán conjunto de último año, George trataba a todos con respeto y esperaba lo mismo a cambio.

Brigham Kiplinger señaló: «George no hablaba casi nunca, pero cuando lo hacía, la gente escuchaba. En el equipo de hockey de la escuela secundaria Landon, un estudiante de último año estaba molestando a un estudiante de primer año. George, entonces un estudiante de segundo año intervino y le dijo al estudiante de último año que se detuviera. El estudiante de último año obedeció porque George era respetado por su carácter, su trato hacia los demás y su ética de trabajo. También era lo suficientemente fuerte como para respaldar sus palabras si era necesario».

Este comportamiento continuó en la universidad. George trataba a todos con respeto, desde el personal del comedor hasta los trabajadores de los hoteles durante los partidos fuera de casa. Defendía a aquellos que no podían defenderse y exigía respeto de todos.

Aprendizaje

Para ser un gran compañero de equipo, es importante respetar y valorar a cada persona por quiénes son, no solo por lo que hacen. Cuando respetas a todos, como lo hacía George, ellos te respetarán a ti.

12 Da todo y no tomes nada

George era alguien que daba constantemente, no tomaba nada. Justin Redd compartió que lo más memorable de George era: «Él daba todo al equipo, pero nunca tomaba nada de nadie. Nunca hizo sentir mal a nadie, nunca avergonzó a alguien en público, nunca molestó ni dijo nada hiriente. Él daba su amor, esfuerzo, respeto, pasión, compromiso y energía positiva, y nunca tomó nada positivo de los demás».

Aprendizaje

En un mundo lleno de personas que agotan la energía, George destaca como alguien que da sin esperar nada a cambio. Para ser un gran compañero de equipo, esfuérzate por ser una fuente de energía y no un drenaje. Evita disminuir la positividad de los demás. Mejora tu equipo al ofrecer lo mejor de ti para ayudarlos a sobresalir. Este esfuerzo dejará una impresión duradera en ellos.

13 Comunica

George no hablaba mucho en grupo, pero aun así era un excelente comunicador. Sus compañeros recuerdan cómo sus ojos y su sonrisa transmitían sus pensamientos y sentimientos. Una sola mirada de George decía mucho, y su sonrisa podía iluminar cualquier habitación. George también era un gran oyente, aprendía sobre sus compañeros a través de preguntas y conversaciones uno a uno. Mientras muchos prefieren la comunicación en grupo, George sobresalía en interacciones más personales, lo que lo convertía en un compañero excepcional.

Una vez le pregunté al entrenador de la NBA Doc Rivers sobre el aspecto más crucial de su rol. Él respondió: «Me comunico con mi equipo, tanto colectivamente como individualmente. Necesito entender dónde están para guiarlos a donde necesitan estar». El mismo principio se aplica para ser un gran compañero de equipo.

Aprendizaje

Para ser un excelente compañero de equipo, es crucial comunicarse con tu equipo tanto colectivamente como individualmente. La comunicación construye confianza, lo que lleva al compromiso. El compromiso fomenta el trabajo en equipo, y el trabajo en equipo entrega resultados. Sin comunicación, no puedes construir la confianza y las relaciones esenciales para un trabajo en equipo efectivo.

Hablar en reuniones de equipo y dar discursos no es suficiente. La comunicación efectiva requiere conversaciones uno a uno para construir relaciones. Por lo tanto, te animo a que te tomes el tiempo para comunicarte con tus compañeros de equipo. Habla en el autobús, en el vestuario y come con diferentes miembros del equipo cada semana. Analiza no solo el trabajo, sino también tus preocupaciones, desafíos, metas y sueños. Cuando estés ocupado y estresado, esto puede parecer lo último que quieres hacer, pero es la acción más importante para construir relaciones fuertes y grandes equipos.

14 Conecta

George hizo más que comunicarse; se conectó con sus compañeros de equipo. La comunicación empieza a construir confianza, pero la conexión la fortalece. Conectar significa ir más allá de las conversaciones superficiales para entender realmente a tus compañeros y formar un vínculo más profundo. George creó esos momentos de conexión e impactó profundamente a su equipo a nivel personal.

Aprendizaje

Los entrenadores a menudo se quejan de que sus equipos no están conectados. Muchos jóvenes atletas se enfocan en objetivos y éxitos individuales, influenciados por familiares y amigos que enfatizan el logro personal sobre el éxito del equipo. Esta mentalidad crea una desconexión entre los objetivos personales y los del equipo, al debilitar el éxito compartido. Sin embargo, cuando los equipos se enfocan en la conexión, *yo* se transforma en *nosotros*. Los lazos se fortalecen, las relaciones se desarrollan y el equipo se fortalece. Un equipo conectado es un equipo comprometido y poderoso.

Como compañero de equipo, conectar con los demás es crucial. La inteligencia por sí sola no es suficiente; sin conexión, fracasarás como miembro del equipo. No te límites a comunicarte; conecta. Conoce realmente a tus compañeros. Mientras lees sobre George y sus formas de conectarse con su equipo, encuentra tus propios momentos de conexión. Esto te ayudará a construir un equipo conectado, comprometido y poderoso.

15 Conviértete en un compañero que lidere con el ejemplo

El entrenador defensivo de George, Ben DeLuca, describió a George como un líder y compañero de equipo que lideraba con el ejemplo. En lugar de decir: «Hazlo porque yo lo digo», George invitaba a otros a unirse a él: «Trabajemos nuestras habilidades con el palo. Vamos a leerle a los niños. Vamos a correr una vuelta extra juntos. Ven y te llevo a casa. Mejoremos juntos».

David Coors compartió su experiencia: «Llegué a Cornell como un jugador sin beca, sin estar seguro de si encajaría. No participé en los entrenamientos de otoño, y la clase de primer año, incluso George, ya se había unido. George percibió cómo me sentía y me tomó bajo su ala, me ayudó a unirme al grupo. Siempre estaba pendiente de los demás, los hacía sentir incluidos. George sabía que necesitaba mejorar mis habilidades con el palo, y como él siempre practicaba, me invitó a unirme a él. Pasamos mucho tiempo practicando nuestros pases antes y después de los entrenamientos y los fines de semana. No solo se enfocaba en sí mismo; le importaba ayudarme a mejorar. Siempre le estaré agradecido por eso».

Aprendizaje

Para ser bueno, enfócate en mejorarte a ti. Para ser excelente, enfócate en mejorarte a ti y a tu equipo. Identifica a los miembros del equipo que se beneficiarían de tu liderazgo, ayuda, ánimo y tiempo. Invítalos a participar en actividades positivas contigo. Haz esto regularmente para construir un legado duradero.

16 Practica la compasión desinteresada

David Coors destaca una característica clave que hizo de George un excelente compañero de equipo: su compasión y empatía. George siempre cuidaba de sus compañeros, sabía quién necesitaba ánimo o se sentía fuera de lugar. Se enfocaba en elevar a los demás en lugar de a sí mismo.

Chris Morea, quien jugó en el centro del campo con George durante tres años, dijo: «Tenía una misión personal muy fuerte. Realmente priorizaba las necesidades de los demás sobre las suyas. Siempre se trataba de su familia, compañeros de equipo, amigos y comunidad».

La novia de la universidad de George, Janna, comentó: «Su corazón lo hacía especial. Todo lo que hacía venía de un lugar de bondad y cuidado. Cuando los compañeros cometían errores, no se enojaba; quería ayudar. Siempre buscaba mejorar a los demás y al equipo. Después de las prácticas, analizaba formas de liderar mejor. Aspiraba a ser un gran capitán».

Janna compartió una anécdota: «Una vez, durante una visita de verano a Nantucket, estábamos en un supermercado. Me di la vuelta y George había desaparecido. Lo encontré en el estacionamiento. Estaba ayudando a una anciana a cargar mantillo en su auto. Así era él, San George».

Aprendizaje

No puedes ser un gran compañero de equipo si eres egoísta. Los grandes compañeros de equipo como George son desinteresados. Esto no significa que piensen menos de sí mismos; significa que piensan menos *en* sí mismos. Se enfocan en los demás y consideran cómo pueden ayudarlos. Recuerda siempre, no tienes que ser grande para ayudar, pero tienes que ayudar para ser grande.

17 Demuestra que te importa

George practicaba la compasión desinteresada y ayudaba a sus compañeros de equipo de diversas maneras. Era famoso por llevar a casa a los jugadores más jóvenes que vivían en el Campus Norte, lejos del estadio y el vestuario. Como estudiante de primer año vivía en el Campus Norte, a menudo caminaba de regreso a mi dormitorio en el frío después de largas prácticas. Ojalá, George, hubiera sido mi compañero de equipo porque me habría venido bien un aventón.

Joe Boulukos fue uno de los jugadores que se benefició de la amabilidad de George. Él recuerda: «Cuando era de primer año, tuve una práctica muy larga que no salió bien. Me sentía deprimido y tenía que llevar la ropa sucia a los encargados del equipo. Pensé que era la única persona en el vestuario. Después de limpiar y entregar la ropa, me preparé para la larga caminata de regreso al Campus Norte. Al salir al frío helado, vi un coche esperando. Bajaron la ventana y era George. Me preguntó: "¿Quieres que te lleve?". Subí al coche y, en el camino, George, que era de tercer año, me preguntó cómo estaba. Le dije que estaba bien, pero George sabía que no era así. Dijo: "Sé que fue una práctica larga, pero te prometo que mejorará. Lo estás haciendo genial". Fue el aliento que necesitaba en ese momento. Como estudiante de primer año con dificultades, que alguien a quien admiraba me mostrara que le importaba significó todo para mí».

Aprendizaje

George ejemplificó el principio de que los compañeros de equipo sobresalientes se preocupan profundamente. Se preocupan por su esfuerzo, rendimiento y su impacto en el equipo. Lo más importante, se preocupan por sus compañeros de equipo. Los compañeros de George sabían y sentían su preocupación, y lo recordarán siempre.

Para ser un gran compañero de equipo, es crucial demostrar tu preocupación por tus compañeros. Puede que no los lleves a casa después de la práctica, pero puedes encontrar tu propia manera, o tu «marca de preocupación», para mostrar tu interés. Cuando muestras que te importa, tu equipo te corresponderá. Este cuidado mutuo inspira a otros y fomenta un equipo que logra cosas increíbles juntos.

18 Sé un amigo fiel

En una fiesta universitaria, George decidió irse temprano para ayudar a su amigo Tim Kirchner. Tim recuerda: «Era mi vigésimo primer cumpleaños y me divertí por demás. Estaba a punto de irme solo cuando George vino y me llevó a casa a salvo. No creo que pudiera caminar, así que George me llevó la mayor parte del camino. Ese es el tipo de amigo que era».

Ian Rosenberger compartió una historia similar. En una fiesta diferente con George, Ian quería irse para perseguir a una chica que le gustaba. George insistió: «No, tienes que cuidar de tu hermana». George le recordó a Ian sus prioridades y lo animó a hacer lo correcto. Eso es lo que hacen los amigos.

La lealtad de George era inquebrantable, incluso cuando cometía errores. Scott Raasch recuerda un partido de práctica en 2004 contra Loyola. Scott recibió un gran golpe mientras recogía una pelota del suelo. George se disculpó de inmediato, le dijo: «Lo siento, amigo». Era inusual escuchar una disculpa durante una jugada. George no podía haber evitado el golpe, pero aun así se sentía responsable. Se quedó con Scott en el vestuario y en la reunión de padres después del juego. Más tarde esa noche, George visitó la habitación de Scott para asegurarse de que estuviera bien, le dijo: «Te prometo que nunca volverá a suceder».

Aprendizaje

Un amigo y compañero fiel es más precioso que un diamante y más valioso que el oro. Son muy raros. Mi esperanza es que, al leer esto, decidas aumentar la cantidad de amigos y compañeros leales al decidir ser uno de ellos.

19 Quiere a tu equipo

Cuando la Sra. Boiardi habló con el equipo después de la muerte de George, enfatizó cuánto los quería. Sus palabras fueron poderosas y apropiadas. Cada historia que los compañeros de equipo de George compartieron conmigo destacó su amor por el equipo. Ellos sabían que los quería. La hermana de George, Elena, mencionó que él aprendió desde pequeño que la familia es un lugar donde amas y eres amado. Los Boiardi eran una familia muy unida que se apoyaba y se amaba mutuamente. Cuando George fue a Cornell, su equipo se convirtió en su familia extendida, y los quería mucho y apoyaba de la misma manera. Jeff Tambroni fue el entrenador ideal para George porque fomentaba una cultura de familia y amor, consideraba a los jugadores como parte de su familia. George encontró un hogar universitario donde era amado y amaba a los demás.

Aprendizaje

El amor es el principio más importante del liderazgo y estrategia de construcción de equipos. Sin él, no puedes compartirlo. Si no amas a tu equipo, no puedes ser un gran compañero. Comprométete a querer a tu equipo primero, en lugar de esperar que ellos te quieran a ti.

Aprendí esto en mi matrimonio: cuanto más amo a mi esposa, más amo mi vida. No se trata del dicho *esposa feliz, vida feliz*. Se trata de amar a mi esposa sin esperar nada a cambio, lo cual enriquece mi vida. Se trata del amor que doy, no de lo que ella hace.

Para convertirte en un gran compañero de equipo, aprende de George y enfócate en querer a tu equipo. Mientras que muchos jugadores promedio quieren que sus compañeros los quieran, tú puedes destacar queriendo a tu equipo tanto en espíritu como en acción.

20 Sacrificio

Si amas a alguien, estás dispuesto a priorizar su bienestar y deseos sobre los tuyos. George amaba profundamente a su equipo y se dedicó a inspirarlos. Invirtió su tiempo, energía, sudor y lágrimas para convertirse en el mejor jugador para su equipo. Con frecuencia arriesgaba lesiones al enfrentarse a jugadores más grandes y fuertes y bloquear tiros. Dejó de lado sus propios deseos para satisfacer las necesidades del equipo, eligió el camino difícil de ser un gran líder, amigo y compañero de equipo.

Brigham Kiplinger señaló que el amor de George por su equipo lo motivó a postularse a Teach For America para apoyar a los niños nativos americanos en Dakota del Sur. Mientras que muchos planeaban seguir carreras en finanzas después de graduarse, George tenía como objetivo ayudar a los demás como maestro. Tim DeBlois comentó: «Cuando consideras todo lo que hizo por su equipo y sus planes después de la graduación, realmente comprendes la magnitud del sacrificio de George».

Mientras Tim hablaba, me preguntaba qué estaba pensando George cuando bloqueó ese tiro el 17 de marzo. Nadie cree que pensara que estaba arriesgando su vida, pero George conocía el dolor potencial y lo aceptó para ayudar a su equipo a tener éxito. Aunque no está confirmado, muchos creen que George murió de *commotio cordis*, un paro cardíaco repentino causado por un golpe en el pecho. Dada la naturaleza fatal del *commotio cordis*, nadie debería bloquear un tiro con el pecho, y todos los equipos deberían tener un DEA (desfibrilador automático) en la línea lateral.

Aprendizaje

No tienes que sacrificar tu seguridad para ser un gran compañero de equipo, pero deberías estar dispuesto a dar algo de ti mismo por el bien del equipo. Esto significa priorizar las necesidades del equipo sobre tus propios deseos. Pasar del egoísmo al altruismo es esencial. Mientras muchos se esfuerzan por la grandeza, la verdadera grandeza se logra a través del servicio y el sacrificio.

Puede que necesites jugar en una posición diferente a la habitual, lanzarte por una pelota suelta en baloncesto, o ejecutar un toque de sacrificio en béisbol. En lugar de anotar, podrías poner una pantalla para ayudar a un compañero a anotar. A veces, serás la estrella, y otras veces, apoyarás a la estrella.

El acto final de George fue saltar frente a un disparo. Sin embargo, su equipo lo recuerda más por sus sacrificios constantes. Deja que esto te inspire a renunciar a los placeres a corto plazo y los deseos egoístas por el respeto, la admiración y el impacto a largo plazo.

21 Deja el lugar mejor de lo que lo encontraste

El mensaje anual de Jeff Tambroni a su equipo era consistente: *deja el lugar mejor de lo que lo encontraste*. Los compañeros de equipo de George creían que él encarnaba este principio más que nadie. Incluso antes de conocer a Jeff Tambroni o asistir a Cornell, George vivía según esta filosofía. En la Escuela Landon, siempre era el último en salir del vestuario, asegurándose de que estuviera más limpio que cuando llegó. Este hábito continuó en Cornell, donde sus compañeros lo veían constantemente como el último en salir del vestuario, ya que limpiaba mientras ellos se despedían. Algunos compañeros luego desearon haberlo ayudado más, pero a menudo estaban ocupados con sus propias vidas. La dedicación de George a este principio definió su tiempo en Cornell.

George mejoró significativamente el programa de *lacrosse* de Cornell. Su liderazgo desinteresado, espíritu competitivo, actitud alegre, lealtad, amor, compasión y corazón elevaron tanto al equipo como al programa. La notable temporada de 2004 del equipo y el éxito posterior se pueden atribuir en gran medida a la influencia de George.

Rob Pannell, uno de los mejores jugadores de *lacrosse* de la historia, se graduó de Cornell en 2013. Aunque nunca conoció a George, sus palabras en el próximo capítulo destacan el impacto duradero de George. Esta dedicación a dejar un lugar mejor de lo que lo encontró realmente describe el legado de George.

Capítulo 16

El número 21: un estilo de vida

Narrado por Rob Pannell

 Cuando hago ejercicio, siempre incorporo el número 21. En lugar de hacer 15 o 20 repeticiones, hago 21. Corro *sprints* de 21 segundos en lugar de 15 o 20 segundos. En la cinta de correr, corro durante 15 minutos y 21 segundos. Cada vez que veo el número 21, pienso en George Boiardi. Para mí, el 21 no es solo un número, es un estilo de vida.

Si pudiera conocer a dos personas, elegiría a George Boiardi y a Eamon McEneaney (quien llevaba el número 10). Eamon, una leyenda del *lacrosse* de Cornell, murió en los ataques del 11 de septiembre. Al crecer, usé tres números en los deportes: 10, 21 y 3. Mi número en Cornell era el 3, pero no tiene el mismo significado que el 10 y el 21. Jugar para el equipo de *lacrosse* de Cornell, donde estos números son tan honrados, fue perfecto para mí. Aunque nunca conocí a George, siento que ha sido un compañero y líder para mí durante mis cinco años en Cornell y continúa guiándome en mi vida diaria.

A menudo veo el reloj marcar las 10:21. Para mí, no es una coincidencia, son George y Eamon que quieren saber cómo estoy. Nunca olvidaré anotar para poner a Cornell 1 a 0 en la semifinal de 2013 contra Duke. El reloj del partido se detuvo a las 10:21. Señalé el reloj, y aunque mis compañeros pensaron que estaba loco, pronto entendieron que estaba señalando que George estaba con nosotros. Sin el 21, el *lacrosse* de Cornell no sería el mismo, y yo no sería la persona que soy hoy. George no nos ayudó a vencer a Duke ese día, pero nos hizo mejores personas y compañeros de equipo, y nos llevó a una temporada exitosa.

Según los registros, tengo el récord del equipo de *lacrosse* de Cornell de más asistencias. Pero, para ser honesto George Boiardi lo tiene. Ha asistido en cada práctica, sesión de pesas, sesión de video, pelota de suelo y gol desde su primer año en Cornell, y todavía lo hace. Sin su número 21, ninguna de estas experiencias habría sido la misma. La emoción, el esfuerzo, la intensidad, el enfoque y el amor hicieron toda la diferencia. El número 21 es un estilo de vida: generoso, amoroso, cariñoso, incansable, humilde y dedicado. Estas palabras definen a George Boiardi. George Boiardi define al *lacrosse* de Cornell.

Cuarta parte

Legado

Capítulo 17

Los grandes compañeros de equipo marcan tu vida para siempre

 Desde que conocí a George a través de Jeff Tambroni y sus compañeros de equipo, he pensado en él. Tuve el honor de hablar en la *Cena 21* hace unos años y aprendí más sobre su vida. Frecuentemente comparto historias sobre él con estudiantes y atletas y con mis propios hijos, animándolos a seguir su ejemplo como líder y compañero de equipo. A través de las redes sociales, sigo eventos creados para continuar el legado de George, como la Carrera 21, el torneo de golf Boiardi Open, el Equipo 21 y el Capital Lacrosse Invitational. Es inspirador ver cómo la influencia de George sigue intacta y crece a medida que sus amigos y compañeros de equipo lo recuerdan, y otros, como yo, aprenden su historia y se sienten inspirados por él.

Cuando leí que iban a incluir a George en el Salón de la Fama Atlética de la Universidad de Cornell, 10 años después de su muerte, inmediatamente marqué la fecha en mi calendario y planifiqué asistir a la cena.

En mi vuelo a Ithaca, pensé sobre los eventos que sus compañeros de equipo crearon para honrar su legado. Me di cuenta de que nunca dejarían que lo olviden. Había tenido un impacto significativo en sus vidas. Yo tampoco podía olvidar a George; su vida y mensaje eran demasiado poderosos e importantes como para no compartirlos.

Considerando el impacto de George en su equipo y en el programa de *lacrosse* de Cornell, entendí que los grandes líderes y compañeros de equipo te influyen de por vida. Me pregunté cómo había afectado George a sus compañeros y entrenadores 10 años después. ¿Influyó en su trabajo, carreras, relaciones y familias? ¿Alguien llamó a sus hijos George?

En el evento, me emocionó ver a muchos de sus compañeros de equipo, amigos y entrenadores allí para honrarlo. Estaban un poco más viejos, un poco más sabios y reflexivos. Compartieron cuánto extrañaban a su querido amigo y el impacto continuo que tenía en sus vidas.

Capítulo 18

Vive y lidera como George

 Andrew Collins comentó que, aunque los recuerdos de la mayoría de las personas se desvanecen con el tiempo, el impacto de George sigue siendo fuerte. Cuando le preguntaron por qué, Andrew explicó: «George nunca buscó reconocimiento. Simplemente era quien era. Era más grande que la vida sin intentarlo. A menudo me pregunto, "¿Es así como George habría vivido su vida?". No puedo ser George, pero puedo esforzarme por ser como él. Recordarlo me hace mejor. Cada día aplico sus lecciones a mi vida como esposo y nuevo padre. Como gerente de ventas, lidero con el ejemplo, tal como lo hacía George».

Kyle Georgalas, ahora entrenador asistente del equipo de *lacrosse* del Ejército, compartió: «George hizo que sea un mejor compañero de equipo y ahora soy un mejor entrenador. Me esfuerzo por servir a mi equipo y construir relaciones con mis jugadores, encontrándolos donde están, tal como lo haría George».

Ben DeLuca, el entrenador de George y ahora asistente del equipo de *lacrosse* de la Universidad de Duke, dijo: «Dos eventos transformaron mi filosofía de entrenamiento: el 11 de septiembre y la muerte de George. Perder a George me enseñó a enfocarme en las relaciones. Ahora le digo a mi equipo que me importan y los empujo a ser lo mejor que pueden ser. El mayor cumplido que puedo darle a un jugador es que me recuerda a George».

Mitch Belisle reflexionó: «George tuvo un gran impacto en mí en poco tiempo. Vivió solo 22 años, pero tuvo un impacto mayor que la mayoría de las personas en 80 años. Hago 21 repeticiones en lugar de 20 y trabajo más duro gracias a George. Llevar el número 21 para mi equipo y el equipo de Estados Unidos en los Juegos Olímpicos fue uno de mis mayores honores».

David Coors recordó: «George siempre estaba en mi habitación, me pedía prestada mi ropa, pero nunca me molestaba porque era el tipo de persona que te daría la camisa de su espalda. Era un espíritu libre. Ahora, aprovecho la vida al máximo, diciendo sí a nuevas experiencias, porque la vida es corta».

Justin Redd dijo: «Pienso en George todos los días y en lo injusto que es que no pudiera seguir viviendo. Su memoria me recuerda apreciar lo que tengo. Cuando las cosas van mal, pienso: "George nunca habría hecho eso". Él me guía para tomar el camino más difícil, pero el correcto».

Billy Fort compartió: «Pienso en George cuando las cosas no van bien. Él sigue ayudándome a superar la adversidad, tal como ayudaba a sus amigos».

Janna, la novia de George en la universidad, dijo entre lágrimas: «George me amó con todos mis defectos. Era tan amoroso y considerado, me enseñó que podía volver a amar. Me ayudó a convertirme en la mujer que soy hoy».

Tim DeBlois, quien estaba en el campo cuando George murió, dijo: «Siento el deber de tocar la vida de las personas porque George lo habría hecho. Llevo una pulsera con el número de George y constantemente me pregunto si puedo hacer más. George me inspira a ser lo mejor de mí».

Nii Amaah Ofosu-Amaah, quien fue a la escuela secundaria con George, dijo: «George es parte de quien soy. Daba el 100 por ciento de atención a todos, y me esfuerzo por hacer lo mismo con mis amigos y familia».

Tim Kirchner, quien ayuda a dirigir la Fundación Mario St. George Boiardi, dijo: «La influencia de George está en toda mi vida. Me llevó a mi trabajo y me recordó hacer tiempo para las cosas importantes. Me siento afortunado de liderar su fundación y pasar muchas horas con su legado».

Capítulo 19

¿Qué haría George?

 Ian Rosenberger expresó: «Si alguna vez tengo un hijo, quiero que sea como George, y cada día me esfuerzo por ser el tipo de hombre del que George estaría orgulloso». Muchos de sus compañeros de equipo y amigos compartían este sentimiento. Scott Raasch mencionó: «He tenido un solo objeto en mi escritorio en el trabajo durante los últimos 10 años. El Sr. y la Sra. Boiardi nos dieron a cada senior de nuestro equipo un pisapapeles para la graduación con la frase grabada: "Es mejor algo bien hecho que bien dicho", el mismo que George tenía mientras crecía. Es un recordatorio diario de siempre intentar ser más como George y dejar que las buenas acciones y el trabajo duro hablen por sí mismos. También envolví una de las pulseras de la Fundación Boiardi alrededor del pisapapeles. Es increíble cuántos amigos de George de Landon y Cornell se han unido a lo largo de los años para trabajar en su fundación y continuar su misión y legado».

Josh Heller dijo: «Mi padre y George son las dos mayores influencias en mi vida. Es asombroso que, siendo un chico universitario, tuviera ese tipo de influencia. A medida que envejeces y logras cierto éxito, te encuentras rodeado de todo tipo de personas y recuerdas que George trataba a todos, sin importar quiénes fueran, con respeto. Me esfuerzo por hacer lo mismo».

En el verano de 2004, Brigham Kiplinger viajó a la reserva donde George quería enseñar, solo para experimentar dónde habría pasado su tiempo George. «Hasta el día de hoy pienso en él todo el tiempo. Todavía me impulsa. Es el modelo que quiero ser. George es la razón por la que sigo en la enseñanza. Ahora estoy haciendo el trabajo por los dos. Aunque su vida fue truncada, nos enseñó a muchos de nosotros. George era un maestro y todavía lo es. A menudo pienso en qué haría George y así es como vivo mi vida».

Michael Riordan dijo: «Diez años después de que la Sra. Boiardi entregara a cada jugador de *lacrosse* de Cornell el colgante de San Jorge todavía cuelga de mi cuello. Desde que falleció, probablemente puedo contar con mis manos los días en que George no ha entrado en mi mente. Cuando la apatía me encuentra en el gimnasio, el recuerdo del fuego competitivo de George en la sala de pesas me motiva a igualar su intensidad. Cuando el cansancio me encuentra en la biblioteca, la persistencia inquebrantable de George en sus clases más desafiantes me recuerda no rendirme. Cuando la irritabilidad me encuentra en el hospital, recuerdo la genuina amabilidad de George con todos los que encontraba. George se convirtió en la persona que emulé al buscar una carrera. Quería un trabajo donde pudiera ayudar a las personas. Elegí la medicina. Con suerte, George estaría feliz con mi elección».

Joe Boulukos acredita a George no solo por llevarlo a casa después de la práctica, sino también por presentarle a su esposa. Conoció a su esposa, Nicole, en una *Cena 21* hace varios años y están esperando un bebé. Si es un varón consideran el nombre George. Joe dijo que piensa en George todo el tiempo y que a menudo se pregunta: «¿Soy una buena persona? ¿Estoy haciendo las cosas bien? ¿Ayudo a los demás?».

Capítulo 20

Un legado en el salón de la fama

 Cuando les pregunté a los compañeros de equipo de George si la respuesta y el impacto habrían sido los mismos si alguno de ellos hubiera muerto en el campo ese día en lugar de George, todos dijeron enfáticamente: «No, definitivamente no». Yo compartía el mismo sentimiento sobre mí como compañero de equipo. A pesar de esto, muchos de ellos viajaron desde todo el país y el mundo para asistir al ingreso de George al Salón de la Fama. Por ejemplo, David Coors voló desde Australia a Ithaca y regresó inmediatamente después del evento. Chris Viola vino desde la ciudad de Nueva York, donde tiene sus restaurantes, y Tim Kirchner voló desde San Francisco. Otros sacrificaron sus fines de semana y tiempo con familiares y amigos para estar allí. Puede que no hayan sido los compañeros de equipo que George fue en la universidad, pero 10 años después, eran generosos, serviciales y sacrificados, George todavía era responsable de que sean aún mejor.

Esa noche, Jeff Tambroni dio un discurso inspirador y emocional sobre George. Tuvo que hacer varias pausas para recomponerse y secarse las lágrimas. Fue uno de los discursos más poderosos que he escuchado, sin dejar un ojo seco en la sala. Jeff, ahora entrenador de *lacrosse* masculino en la Universidad Estatal de Pensilvania, ya no entrena en Cornell, pero lleva consigo el espíritu, el ejemplo y la inspiración de George. Siempre será el entrenador de George, y George siempre será parte de él.

Cuando Jeff y yo salimos del evento y caminamos hacia nuestros autos, le pregunté dónde se hospedaba. Era medianoche, y asumí que se quedaba en un hotel cerca del campus. Jeff respondió: «En realidad, me voy a Filadelfia ahora mismo. Hay un torneo de reclutamiento en el área, y necesito estar en los campos a las 08:00 a.m. Conduciré tanto como pueda, dormiré unas pocas horas y luego llegaré a donde necesito estar por la mañana». Hice los cálculos: cuatro a cinco horas de manejar significaban dos a tres horas de sueño. Jeff había conducido a Cornell ese día para dar su discurso. Me sorprendió su sacrificio. Jeff, como David Coors, Tim Kirchner, Ben DeLuca y muchos de los compañeros de equipo de George, tenían que estar allí. No se lo habrían perdido por nada. George habría hecho lo mismo.

21 ejercicios para construir un gran equipo

 Cuando terminé de escribir el Capítulo 20, pensé que había terminado con el libro. Sin embargo, me di cuenta de que necesitaba escribir un capítulo más para George. George siempre daba un extra, y 21 capítulos hacen que el libro sea mucho mejor.

George me enseñó que el número 21 es un viaje para ser tu mejor versión y sacar lo mejor de los demás. Se enfocaba en hacer que su equipo fuera mejor. Inspirado por George, llené este último capítulo con ideas para fortalecer a tu equipo.

Creo que George estaba aquí para inspirarnos a ser mejores personas y compañeros de equipo. Su familia y amigos aún reciben señales de él, lo que les da fuerza y esperanza. Mientras escribía este libro, seguía viendo el número 21 por todas partes. Estoy convencido de que compartir la historia de George te ayudará a ti y a tu equipo. Mi esperanza es que compartas este libro con tu equipo, familia y amigos, e implementes algunos de estos ejercicios. Estoy seguro de que con este capítulo se convertirán en el mejor equipo posible y en el proceso, podrán compartir la historia, las lecciones, la inspiración y el propósito de George.

Todas mis regalías de este libro las voy a donar a la Fundación Mario St. George Boiardi para continuar la misión y el legado de George. En este espíritu, aquí tienes 21 ejercicios para construir un gran equipo.

1. Habla sobre el libro como equipo. Pregunta a cada miembro qué les pareció el libro. Qué aprendieron, qué los inspiró y cuáles fueron sus principales conclusiones.

2. Pide a cada persona que identifique y comparta características que George tenía y que predominan en el equipo. Escríbelas en una pizarra y analicen cuáles se repiten más. Analicen esas características e identifiquen formas para fortalecerlas.

3. Pide a cada persona que identifique y comparta características que George tenía y que faltan en el equipo. Escríbelas en una pizarra y analicen cuáles se repiten más. Hablen sobre estas características como un equipo e identifiquen diferentes maneras de desarrollarlas.

4. Pide a cada miembro del equipo que elija sus tres formas favoritas de ser un *gran compañero*. Dile que se comprometa a implementarlas durante el año.

5. Pide a cada miembro del equipo que identifique en qué fallan como compañeros. Fomenta la apertura y la honestidad sin juzgar al otro. Utiliza este momento como una oportunidad para crecer y fomentar el vínculo.

6. Pide a los compañeros que se evalúen entre sí basándose en las características de George que también comparten. Pregúntales que características les faltan y en cuáles necesitan trabajar más. Si algún miembro del equipo tiene la mente en «Soy abierto. Ayúdame a mejorar», y están dispuestos a escuchar y cambiar, lograrán ser mejores compañeros y todos serán un mejor equipo.

Advertencia: esta actividad es un poco más desafiante y puede volverse en contra si no la realizan de la manera correcta. Sin embargo, si la realizan bien, los hará un equipo más poderoso y conectado.

7. Divide al equipo en pequeños grupos de dos o tres participantes. Pide a cada grupo que presente una o dos de las 21 formas de ser un gran compañero según el Capítulo 15. Pueden hacerlo con una lección, un video, una canción, un poema o actuarlo. Deben ser tan creativos como quieran. Esto ayuda a visualizar lo aprendido.

8. Crea un casco u otro símbolo con tus colores elegidos para construir la cultura del equipo con las características deseadas.

9. Comparte las tres cosas que cada compañero puede controlar para ser un gran compañero: (1) esfuerzo, (2) actitud y (3) acciones. Pide a cada miembro que identifique un hábito para cada una para mejorar como compañero.

10. Comparte la frase: *el equipo vence al talento cuando el talento no es un equipo*. Luego, pregúntales qué significa esta frase para ellos y cómo convertirse en un mejor equipo.

11. Pide a cada miembro del equipo que comparta un momento definitorio en su vida. Aprenderán cosas que no sabían. Inmediatamente, conocerás a tus compañeros de equipo mucho más y estarán más conectados.

12. Héroe, positivo, dificultad: en este ejercicio cada persona debe nombrar a un héroe y decir porqué lo admira. Después, compartir un momento positivo y una dificultad de su pasado. Sus respuestas te ayudarán a conocer más las motivaciones y perspectivas de los miembros de tu equipo. Nota: para que esto funciona, deben tener en claro que lo que digan no se compartirá con nadie. Debes crear un espacio (un líder con el que trabajé lo llamaba «el lugar seguro») donde se sientan cómodos siendo honestos.

13. Suban al autobús de la energía. Visita www.theenergy bus.com e imprime boletos de autobús. En la parte de atrás de los boletos, pide a cada persona que escriba un compromiso con el equipo y que luego lo entregue, mostrando que están a bordo del equipo.

14. Llenan los tanques. Da a cada jugador un sobre manila con una imagen de un autobús y su nombre. El sobre representa el tanque de su autobús de la energía y deben colocarlo en una mesa en el vestuario. Anima a los compañeros a escribir notas positivas y colocarlas en los sobres de los demás para

generar aprecio y ánimo. Este ejercicio crea más interacciones positivas.

15. Jueguen a «Si realmente me conoces». Comienza completando el vació en la oración «Si realmente me conoces, sabes _____ sobre mí». Este ejercicio me lo enseño mi amigo Mike Robbins, y si bien genera que las personas estén vulnerables, es uno de los ejercicios más poderosos que un equipo pueda hacer. Fomenta compartir con honestidad para conectar al equipo de manera significativa.

16. Haz un esfuerzo por comer con diferentes miembros del equipo cada semana. Mientras más tiempo pases con diferentes miembros del equipo, podrás construir más conexiones.

17. Pide al equipo que hagan una lista con 20 preguntas. Mientras realicen un viaje, antes de usar el teléfono y navegar en las redes sociales, has que los miembros del equipo pregunten y respondan estas preguntas para conocerse mejor. Los ayudará a estar más conectados.

18. Discute formas en las que George mostró que le importaba. Luego explica que limpiar el vestuario y llevar a los chicos a sus casas son ejemplos de marca de cuidado (algo importante que haces para demostrarle al otro que te importa). Explícales el concepto de marca de cuidado. Luego, pide a cada miembro que decida su marca de cuidado y cómo la implementarán.

21 ejercicios para construir un gran equipo

19. Pide a cada miembro que elija una palabra que los motive a ser el mejor compañero de equipo. Considera palabras como conectar, comprometerse, ayudar, dar, cuidar, amar, difícil, excelencia, etc. Cada uno debe elegir una palabra que sea adecuada para ellos. Para obtener más ideas, visita www.Getoneword.com. Pueden poner las palabras en sus cascos o en otro símbolo del equipo.

20. Analiza la regla del 1 por ciento: un poco más de tiempo, energía, esfuerzo, enfoque y cuidado equivalen a grandes resultados. Pide a cada miembro que identifique dónde invertir el 1 por ciento más. Si cada miembro invierte un 1 por ciento más cada día, con el tiempo tendrán grandes resultados.

21. Pide a cada miembro que cree y comparta una afirmación de legado sobre el impacto que quieren tener en el equipo. ¿Cómo quieres que te recuerden? ¿Qué quieres que digan de vos si te vas del equipo? Esto ayuda a guiar cómo viven y lideran hoy.

Epílogo

El gran rojo

por la familia Boiardi

Durante los 11 años transcurridos desde la temporada de *lacrosse* masculino de la Universidad de Cornell de 2004, George ha estado en los corazones y mentes de su familia y amigos a diario. El proceso de sanación resultante de su dolorosa pérdida continúa. Sin embargo, el espíritu del *Gran Rojo* que nos envolvió a todos cuando nos convertimos en parte de la familia de Cornell nos levantó y nos permitió seguir adelante.

Muchos jóvenes tienen sus vidas truncadas trágicamente. Sus familias soportan su pérdida y sus amigos ayudan a consolarlos. Mantenemos a estas familias en nuestros corazones y oraciones. Estamos bendecidos de haber tenido el apoyo de la familia del *Gran Rojo* para consolarnos. Ha sido notable para nosotros lo constantes y fuertes que han sido los compañeros de equipo de George, sus amigos y la Universidad de Cornell en su compromiso de mantener viva la memoria de George.

Durante un período de sus vidas en el que comenzaban sus carreras y sus familias, sus compañeros de equipo y amigos han pasado incontables y valiosas horas recaudando fondos para causas con las que George también se habría comprometido. Crearon la Fundación Mario St. George Boiardi para recaudar y donar fondos a causas benéficas. Inicialmente, todas las ganancias de las reuniones anuales de invierno en la Cena 21 en la ciudad de Nueva York se destinaron a apoyar a la recién formada Teach For America en Dakota del Sur. La carrera 21 Run sobre las calles de Cornell University Plantations, donde a George le encantaba andar en su patineta larga, sigue cada temporada de *lacrosse* masculino programada y brinda apoyo a la Family Reading Partnership de Ithaca. La carrera 21 Run West se realizó en el Golden Gate Park de San Francisco. También, se realizaron torneos de golf benéficos en el área de Washington D. C. Durante los últimos tres años, la Fundación ha organizado el torneo de *lacrosse* «pelota caída» en Capitol Lacrosse Invitational para equipos de la División Uno en la Escuela Landon en Bethesda, Maryland, donde George fue estudiante desde tercer grado hasta la escuela secundaria. Actualmente, las ganancias de todas estas actividades apoyan la misión de la Fundación Mario St. George Boiardi: «empoderar a los jóvenes a través de los estudios y el atletismo».

Tal vez la actividad más querida para George sea la culminación de un sueño que compartía con David Coors: jugar con sus compañeros de equipo en el torneo de verano Vail Lacrosse Shootout. David, su familia, amigos y compañeros de equipo de Cornell hicieron realidad este sueño jugando como el Equipo 21 durante años, ganaron el torneo el 6 de julio de 2008.

La Universidad de Cornell le otorgó póstumamente a George su título y estableció un premio en su nombre para los atletas de la clase senior. El «Muro de los récords» en el Centro de fuerza y entrenamiento Friedman, donde sudaba con sus compañeros de equipo, recibió su nombre en su honor. El Departamento de Atletismo de la Universidad colocó una placa conmemorativa, dedicada por sus compañeros de equipo, afuera del vestuario de *lacrosse* masculino en Schoellkopf Field, junto a placas en memoria del nro. 10 Eamon McEneaney y el nro. 42 Jay Gallagher. El otoño pasado, el Departamento de Atletismo colocó su nombre en el Salón de la Fama de Atletismo. Su *locker* sigue siendo suyo y su fotografía está en el vestuario junto a una de Eamon. El equipo de *lacrosse* masculino continúa refiriéndose a Schoellkopf Field como «la casa de George» y continúa organizando y participando en la Carrera 21.

George se sentiría muy honrado por estos homenajes y nos siguen sorprendiendo, pero en el contexto de la familia *Big Red* no son sorprendentes. Cuando asistimos a la cena del equipo en el otoño de 2003, escuchamos al entrenador Tambroni presentar a los estudiantes de primer año y a sus padres. Deborah recuerda haber pensado que «no saben la gran experiencia que tendrán como parte de esta familia». No eran solo los jugadores y entrenadores, sino también los padres, hermanos, tías, tíos, primos y amigos que eran parte de la familia *Big Red*.

El viaje de cinco horas desde Washington D. C., a través de las montañas infinitas de Pensilvania nunca fue un problema. Esperábamos con ansias el final del viaje cuando nos reuníamos con la familia *Big Red* afuera del Schoellkopf Field o en la sala del Salón de la Fama, donde esperábamos con gran entusiasmo para ver el juego y luego ver a nuestros hijos

95

Epílogo

y sus compañeros de equipo. La bienvenida que recibíamos siempre fue cálida y genuina. Todos compartían el espíritu de *Big Red*. Los juegos eran intensos, pero las reuniones posteriores siempre fueron alegres.

¡Nos divertimos mucho!

Aprendizaje:

Ya sea en el atletismo o en la vida, no todo se trata de ganar, sino de tener la oportunidad de JUGAR EL JUEGO.

George

Desde una edad temprana, a George le encantaban sus habilidades físicas. Animado por su hermana, siempre estaba activo al aire libre: corría, saltaba, andaba en bicicleta, deslizándose en trineo, patinaba o se columpiaba en la gran cuerda cerca de nuestra casa. Con el tiempo, se destacó en deportes que requerían agilidad y velocidad. Disfrutaba correr en el césped, patinar sobre hielo, bucear e incluso saltar desde una montaña. Lo que para él parecía tan natural y sin esfuerzos eran talentos que agradecía y celebraba cada día. Su agilidad y velocidad lo llevaron al campo de Schoellkopf en su última noche, donde jugó *lacrosse* con sus compañeros de equipo. Nos consuela saber que cuando falleció tenía alegría en su corazón, y por eso, siempre estaremos agradecidos.

Enseñanza

Sé feliz y CELEBRA TUS TALENTOS.

Fundación Mario St. George Boiardi

Para obtener más información sobre la Fundación Mario St. George Boiardi y para apoyar su misión, visita:

boiardifoundation.org

Contacto: theboiardifoundation@gmail.com

George

El equipo masculino de *lacrosse* de la Universidad de Cornell de 2004 (en orden alfabético):

- Andrew Clayton
- Andrew Collins
- Bart Weinstein
- Ben Spoonhower
- Brandon Ross
- Cameron Merchant
- Casey Lewis
- Casey Stevenson
- Daniel Leary
- Dave Brush
- Dave Pittard
- David Coors
- David Mitchell
- Derek Haswell
- Doug Needham
- Ethan Vedder
- George Boiardi
- Henry Bartlett
- Ian Rosenberger

- J.D. Nelson
- Joe Boulukos
- Justin Redd
- Kevin Nee
- Kyle Georgalas
- Kyle Miller
- Matt McMonagle
- Matt Robbins
- Michael Connors
- Michael Rodgers
- Mike Pisco
- Mike Riordan
- Mitch Belisle
- Patrick Brennan
- Peter Cannizzaro
- Sam Coe
- Scott Raasch
- Sean Greenhalgh
- Tim DeBlois
- Tim Randall

Entrenador principal (cuarta temporada): Jeff Tambroni Entrenadores asistentes: Ben DeLuca y Pat Dutton Entrenador atlético: Jim Case

Despedida del nro. 21 en abril de 2004

El equipo de 2004 reunido en el Campo Schoellkopf

Fotos

Aficionados ven a Cornell jugar contra Navy en 2004

Tommy Johnson (artista)

El casillero de George

Mitch Belisle, el nro. 21 de Estados Unidos

Max Siebald, Rob Pannell, Jeff Tambroni, Ben DeLuca, Mitch Belisle

Fotos

Monumento del Chief Red Cloud en Pine Ridge, Dakota del Sur, donde
George quería enseñar con Teach For America

La Carrera 21 (*the 21 Run*) en los Jardines de la Universidad de Cornell

Fotos

Pisapapeles WD > WS

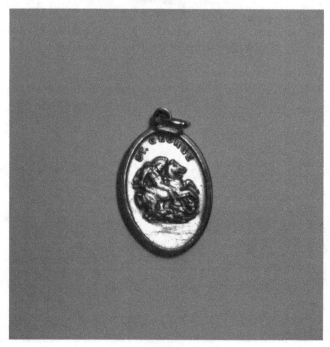

Colgante de San Jorge

Conviértete en un gran compañero de equipo

Visita www.HardHat21.com para:

- Imprimir carteles con citas memorables del libro.
- Compartir los principios prácticos de *El casco* con tu organización y equipo.
- Aprender cómo otros equipos han aplicado los principios de *El casco*.
- Ver videos y escuchar a los compañeros de equipo de George.
- Obtener el plan de acción para la creación de equipos de *El casco*.

Construye tu mejor equipo

Si estás interesado en compartir el inspirador mensaje de *El casco* con tus líderes, organización o equipo, comunícate con Jon Gordon Companies con los siguientes medios de contacto:

Teléfono: (904) 285-6842

Correo electrónico: info@jongordon.com

En línea: JonGordon.com

Twitter: @jongordon11

Facebook: Facebook.com/JonGordonpage

Instagram: JonGordon11

Suscríbete al boletín semanal de Jon Gordon en JonGordon .com.

Para comprar copias al por mayor de *El casco* con descuento para grandes grupos o tu organización, comunícate con tu editor favorito o al grupo de ventas especiales de Wiley por correo: specialsales@wiley.com o por teléfono: (800) 762-2974.

LIBROS EN ESPAÑOL DE

JON
GORDON

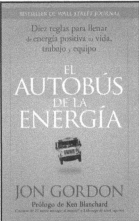

El Autobús de la Energía
ISBN: 978-1-394-34800-8

El Poder del Liderazgo Positivo
ISBN: 978-1-394-34801-5

Una Palabra Que Cambiará Tu Vida
ISBN: 978-1-394-34920-3

Primero Ganas en El Vestuario
ISBN: 978-1-394-34803-9

El Casco
ISBN: 978-1-394-34804-6

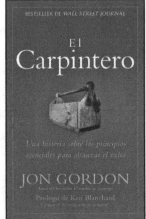

El Carpintero
ISBN: 978-1-394-34975-3

WILEY